JN087784

習近平（しゅうきんぺい）思考の今

大川隆法
Ryuho Okawa

まえがき

隣人(りんじん)とは仲良くしたいものだ。しかし、時には危険な隣人というものもあり、とても住みにくくなるものだ。

本書は、中国の習近平氏の考え方の本質が、米大統領選で民主党のバイデン氏が勝ったのをうけて変化したかどうかを探ったものである。

私の今まで刊行してきた書籍をお読みの方々には、理解は難しくなかろう。初めて本書を手に取る方は、キョトンとされたり、頭がクラッとする人も出るだろう。

権力者は支配欲を拡大するものだ。しかし、地球文明の今後を考える上で、一国の国内統治と、海外干渉(かんしょう)には、許される制限(せいげん)ラインはあるだろう。

今、私は、大宇宙の中で、地球のあるべき姿を考えている。習近平思考の裏にある闇の存在を明らかにするべき時が来たのではなかろうか。

二〇二一年　三月二日

幸福の科学グループ創始者兼総裁　大川隆法

習近平思考の今　目次

習近平思考の今

二〇二一年二月五日　収録
幸福の科学　特別説法堂にて

3 バイデン推しで大統領選を操った中国の〝兵法〟　27

8

「霊言現象」とは、あの世の霊存在の言葉を語り下ろす現象のことをいう。これは高度な悟りを開いた者に特有のものであり、「霊媒現象」（トランス状態になって意識を失い、霊が一方的にしゃべる現象）とは異なる。外国人霊の霊言の場合には、霊言現象を行う者の言語中枢から、必要な言葉を選び出し、日本語で語ることも可能である。

また、人間の魂は原則として六人のグループからなり、あの世に残っている「魂のきょうだい」の一人が守護霊を務めている。つまり、守護霊は、実は自分自身の魂の一部である。したがって、「守護霊の霊言」とは、いわば本人の潜在意識にアクセスしたものであり、その内容は、その人が潜在意識で考えていること（本心）と考えてよい。

なお、「霊言」は、あくまでも霊人の意見であり、幸福の科学グループとしての見解と矛盾する内容を含む場合がある点、付記しておきたい。

習近平思考の今

二〇二一年二月五日　収録
幸福の科学 特別説法堂にて

習近平（一九五三〜）

中華人民共和国の政治家。いわゆる太子党（党高級幹部の子弟グループ）の一人。福建省長、上海市党委員会書記、党中央政治局常務委員等を経て、二〇〇八年に国家副主席に就任。二〇一二年、胡錦濤の後継として、党総書記、中央軍事委員会主席の座に就く。二〇一三年、全国人民代表大会で国家主席、国家中央軍事委員会主席に就任した。

［質問者四名は、それぞれA・B・C・Dと表記］

1　なぜ「習近平思考の今」という題となったのか

大川隆法　今日は、習近平中国国家主席の守護霊をお呼びしようと思っております。

過去に、幸福の科学から七冊の本が出ておりまして、ものすごく〝人気〟のある方なのだなと思います。人気があるか、まあ、ニーズのある方なのだなというふうに思っております。

アメリカ大統領選の結果もあってかもしれませんけれども、今、すごく〝強く〟なっているような感じがしてなりません。「最後の世界皇帝」なのか、あるいは「永遠の世

『大中華帝国崩壊への序曲』（幸福の科学出版刊）

『習近平守護霊　ウイグル弾圧を語る』（幸福の科学出版刊）

界皇帝」なのか、知りませんけれども、たぶんそんな感じで思っていらっしゃるのではないかなと思っております。

今日は、題名のほうも向こう（習近平守護霊）から指定がありまして、「習近平思考の今」という題だったらよろしいということでした。

昨日やろうと思っていたのですが、私のほうで、「習近平の高笑い」という題を付けたため、〝ご無礼〟〝ご不浄〟が生じまして、なかなか進行しませんでして、一日中、変なものがいっぱいやって来るような感じが続きました。

ということで、今日は、もうちょっと謙虚になりまして、〝偉い方〟のご意見を素直に伺おうかなと思っております。そのご意見を、みなさまに間違いなく、できたらお聞きいただきたいのです。本当は中国の人しか聞くべきではないのかもしれないけれども、隣国である日本の人たちにも聞いていただけることは、将来の日中の関係を考える上で極めて大事な指針になるのではないかと思っております。

主として、幸福の科学のほうの目的のために習近平氏（守護霊）を利用するのではなくて、「世界皇帝」と言えるかもしれない彼が、今、どのようなことをお考えになっておられるのかを、日本人や台湾の方や香港の方、あるいは中国本土の方、欧米の方々に上品にお伝えできる役割ができたらいいかなと思っておりますので、今日は、どうか、忌憚のないご意見を聞かせていただければ幸いかと思っております。

（手を一回叩く）では、習近平中国国家主席の守護霊よ、習近平中国国家主席の守護霊よ、幸福の科学に降りたまいて、その心の内、習近平思考は今どういうふうになっているのか、お考えなのかをお伝えくだされば幸いかと思います。

（約二十五秒間の沈黙）

2 中国はコロナウィルスをどう克服(こくふく)したのか

「中国十四億人がリーダーとなって、世界の未来をつくる時代に突入(とつにゅう)」と豪語(ごうご)

習近平守護霊　うーん。うん。ううーん！　チッ（舌打ち）、うーん！　「うるさい団体」だなあ。

質問者A　おはようございます。習近平国家主席でいらっしゃいますでしょうか。

習近平守護霊　もうブンブンブンブン、ハエのようにうるさい。

質問者A　申し訳ございません。

習近平守護霊　うーん。

質問者Ａ　二〇二一年は中国共産党の百周年の年でありまして、その年の春節を前にして、習近平国家主席のお話を賜ることは非常に光栄でございます。

習近平守護霊　うん。

質問者Ａ　まず、この年の初頭に当たりまして、地球全体が激動の時代を迎えておりますが、習近平国家主席から何か人類に対して……。

習近平守護霊　人類？

質問者Ａ　はい。今年の指針について、お伺いできればと考えております。

習近平守護霊　まあ、世界人類は、中国十四億人がリーダーとなって、一丸となって世界の未来をつくる時代に突入した。

これが中国共産党百周年の意味である。

コロナの被害の大きいアメリカとの違いは「〝科学的思考〟の差」？

質問者Ａ　昨年は、コロナウィルスが世界で非常に流行したのですが、習近平国家主席の新年の祝辞において、「われわれは感染症の影響を克服し、感染予防・抑制と経済社会発展の両立で大きな成果を収めた」とありました。

まず最初に、各国が知りたいのは、感染症をどのようにして克服していったのかということだと思いますので、そのあたりの智慧をぜひ共有していただければと考えております。

習近平守護霊　まあ、今、〝世界最高度に進化した国〟であるのでね。だから、〝後れた国〟がどうであるかは知らんが、後れた国では二千六百万人も感染したようなところもあるが（収録当時）、私たちは〝科学的思考〟をもとに、現在、国家を運営しているため、ごく少量の被害でとどまったということだな。

この〝科学的思考〟の差だな。アメリカの（前）大統領などは、「マスクをしなくても平気だ」と言って、みんなバタバタと死んでおるのに率先垂範して死にたがっていたような感じであるけれども、われらは、武漢でそういうものが見つかったということになれば、一千百万人の人口を持っている武漢をたちまち封鎖し、一気にコロナ菌を殲滅したのである。

だから、あと、外国からチョボチョボと逆流して入ってくるものはあるけれども、基本的には、克服を終えて、さらなる発展に向かっている。

質問者Ａ　コロナを克服する前提として、原因が分かっていないと克服できないと思うのですが、コロナの原因は、結局、何だったのでしょうか。

習近平守護霊　そんなもん、いつの時代もいるよ。いつの時代も、そういう感染症なんていうのは流行るのであって、いかに「衛生観念」と「科学的思考」を融合させるかが大事なんだ。

あとは機動力。「国家としての機動力」と「断行する力」。

まあ、そういうことだな。

日本がコロナを克服するには「夜遊びを一網打尽にすればよい」？

質問者Ａ　他国では、例えば日本では、コロナをどのようにすれば克服できますでしょうか。

習近平守護霊　大して流行っていないじゃないか。まあ、（感染者数は）中国の四倍ぐらいということで、人口比で見れば、四十倍以上流行っておるということかな（収録当時）。

それは、日本国民が夜遊びをしすぎるからであって、夜遊びをしてたら、もう一網打尽にすればよいのであって、何をくだらない国会で法律審議などしておるか。夜の八時以降、歩いてるやつは全部捕まえればいいんだよ。

質問者Ａ　捕まえればいい？

習近平守護霊　うん。終わりだ。

質問者Ａ　非常にシンプルな考えですね。

習近平守護霊　シンプル。刑務所がいっぱいになったら、東京湾に〝沈めたら〟いいんだよ。

質問者A　中国は、実際そういう感じでやられているんですか。

習近平守護霊　ああ、当然だ。まあ、土に埋め切れなかったら、それは、どっかに埋めるしかないなあ。

質問者A　中国も初期の段階では、グーッとコロナの感染者数が増えていったのですが、あのときに一網打尽にしたということでしょうか。

習近平守護霊　だから、私の〝一喝〟でコロナ菌は震え上がってしまったから、まあ、しょうがない。

「アメリカの人が、研究所の近くで悪質ウィルスを撒（ま）いた」とうそぶく

質問者Ａ　ああ、なるほど。

けっこう情報統制もしているようですけれども、そのあたりはどうなのでしょうか。

習近平守護霊　「情報統制」って、まあ、間違（まちが）った情報により攪乱（かくらん）されることは常であるので。外国によるスパイが悪い情報を流して国家攪乱を起こす可能性があって、それに反乱分子が便乗してくる可能性があるので、そういうことを一切（いっさい）退（しりぞ）けて、ただただ、このコロナウィルスの撃滅（げきめつ）に向かって国民一体となって戦ったがゆえに、一カ月、二カ月でほぼ終わってきたということだなあ。

質問者Ａ　最初に武漢で爆発（ばくはつ）的に増えたのは、いったいなぜなのでしょうか。

習近平守護霊　うーん？　まあ、おそらく、そのころまではアメリカの人も旅行に来れてたのでねえ。だから、研究所があるので、その近くで悪質ウィルスを撒(ま)いたんだろうなあ。

質問者A　アメリカ人が撒いたと？

習近平守護霊　うん。「中国犯人説」に仕立て上げようと思うてなあ。まあ、私たちは〝人がよすぎる〟からなあ。

3　バイデン推しで大統領選を操った中国の〝兵法〟

バイデン氏の当選は、「衆愚政としては極めて正しい判断」と見ている

質問者A　ちょっと話が変わりますけれども、アメリカの大統領選が昨年の暮れにありました。このあたりの推移についてはどのように予想されていて、また、今回の結果についてはどのようにお考えでしょうか。

習近平守護霊　まあ、それは、なるべくしてそうなったんじゃないかなあ。アメリカ人は正しい判断をして、「民主主義」とは言えないけれども、〝正しい衆愚政の判断〟をして、バイデンを選び、トランプを落とした。これは、衆愚政としては極めて正しい判断であったと思う。

質問者A　なるほど。バイデン氏に対してすぐには祝電を送られなかったですよね？

習近平守護霊　ん？　そうかな。

質問者A　中国が祝電を出さないということに対して、多少、噂（うわさ）というか、報道が出ていましたが、そのあたりは何かお考えがあったのでしょうか。

習近平守護霊　それは、（アメリカが）揉（も）めておるからだろうよ。

質問者A　トランプの可能性も考えていたということでしょうか。

習近平守護霊　そんなことはない。そんなことはないがな（笑）。

大統領選について、「ここまで思ったとおりになるとは思わなかった」

質問者B　「トランプ氏になることは絶対ない」と、そこまで確信をお持ちにならなれた理由をお聞かせいただけないでしょうか。

習近平守護霊　「絶対ない」なんては思っておらんよ。そらあ、トランプがなった場合どうするかも当然考えてはいたけれども、まさか、ここまで、こちらの思ったとおりになるとは思わんかったがなあ。

質問者B　思ったとおりの手を打てたということですね？

習近平守護霊　うん、まあ、そうだなあ。

質問者B　そのあたり、具体的に教えていただけないでしょうか。

習近平守護霊　いや、それはねえ、君らは日本人であるから、中国の古典を少しは読むことは可能ではあるが、アメリカ人はまったく歴史がないので、中国の古典など読んでる教養人は一人もおらんからさあ。

だから、ただのバカなのよ。〝インディアンより強かった〟というだけが、アメリカの取り柄（え）なので。

中国はそう、「戦略・戦術の宝庫」だからな。みんなが戦略家であるからして、しょせん勝てる相手ではないのだよ。

質問者B　「孫子（そんし）の兵法」などに、おっしゃっておられるような兵法がさまざまに出ているのですが。

習近平守護霊　うん、うん、うん。

質問者B　例えば、「資金の援助」であるとか、「スパイの潜入」であるとか、いろんなものがほぼ網羅的にあるのですが、今のお話ですと、だいたい、どのあたりを活用されたのでしょうか。

習近平守護霊　「孫子の兵法」は表に出ている兵法であるから、翻訳されている可能性もあるが、翻訳されてない兵法も中国にはたくさんある。

質問者B　ぜひ、その翻訳されていない兵法を少しご開陳いただけないでしょうか。

習近平守護霊　ええ？　だから、私のように、本当はもう十年も前から世界皇帝であるにもかかわらず、「アメリカに押されているように見せる」というふうな兵法もあるわけよ。

　バイデン勢力を押し、トランプ勢力を沈める方針で国家総動員をかけた

質問者C　アメリカ大統領選ぐらいは動かすことができるということでしょうか。

習近平守護霊　意外に簡単だったな。

質問者B　簡単だった？

習近平守護霊　こんなに単純だとは思わんかった。まあ、二者択一だから簡単だったんだろうなあ。

質問者B　どのへんを押したのが効いたという感じでしょうか。

習近平守護霊　そらあ、簡単だよ。「バイデンを推す勢力」を押して、「バイデンを批判する勢力」を沈めて。「トランプを推す勢力は狂っている」と言って、「トランプを批判する勢力は正しい言論だ」と言う。まあ、その方針で国家総動員をかけただけのことだ。

質問者B　今、四つおっしゃられたのですが、まず、「バイデンを推す勢力」を具体的にどう押したのでしょうか。

習近平守護霊　とにかく、「何にもしないアメリカ大統領」がいちばんいいんだからね。うん。だから、それがもう、「世界を代表する善人」であるかのようにほめ称えたわけだよ。

質問者B　そうしますと、バイデン氏に対する評価としては、何もしない大統領であると？

習近平守護霊　まあ、〝息はしてる〟けどねえ。

質問者B　息をしているだけであると？

習近平守護霊　息はしてる。まあ、それで十分だ。

質問者B　それで十分であると？

習近平守護霊　うん。二酸化炭素を多少出しとるが、まあ、しかたがない。トランプはなあ、余計なことを思いつくから、いかん。

トランプ氏の味方をどんどん陥落させ、ハリウッドにも手を伸ばした

質問者Ｂ　その余計なことというのは、例えば、どういったあたりを言うのでしょうか。

習近平守護霊　だから、イギリスとゲリラ戦をしたり、インディアンと戦ったり、まあ、いろいろするような、そういう小賢しい、二、三百年前ぐらいの「アメリカ兵法」を使おうとするからさ。まあ、どうせ勝てないけどね。

質問者Ｂ　習主席におかれましては、二、三百年前のゲリラ戦のような戦い方ではなくて、体系的に全体をあらゆる方面から制してしまうという……。

習近平守護霊　アメリカが「中国包囲網をつくろうとしてる」のは、もう見えすぎなのよ。ところが、「トランプ包囲網をつくられてる」とは知らんかったんだろう。だから、これが愚かだのう。

質問者B　その包囲網の一端を教えていただけますでしょうか。例えば、どういったあたりで……。

習近平守護霊　そんなの、トランプの味方をどんどん陥落させていっただけのことだよ。誰も味方する人がいなくなっていっただろ。だから、味方する人はみんな〝狂信・妄信の徒〟だな。そういうふうに見えるようにしていったので、ええ。

質問者B　潜在的には味方のように見えた人で、最終的に転向した人が、保守系のなかにけっこういたのですけれども、そのあたりにも手を伸ばされたのでしょうか。

習近平守護霊　うん。

まあ、ハリウッドなんかは、中国と共同で映画をつくりたがって困っとるしねえ。九億人ぐらいの映画人口がいるからねえ、映画を観る人がねえ。九億の人口を取れたら、何百億の投資は楽に回収可能だからねえ。

だから、中国と合同でつくりたがって、中国系の俳優も一生懸命ハリウッドに入れてはおるしねえ。ハリウッドの俳優たちは、だから、民主党を一生懸命応援して、中国と仲良くできるように努力して。〝平和の使者〟だな、彼らもな。うんうん。

だから、トランプ氏の味方なんて、ほぼいないからね。

「トランプの最大の弱点を攻めたら、見事にはまった」と得意げに語る

質問者B　例えば、「ブラック・ライブズ・マター」の運動に関しては、どのようにご覧になりましたでしょうか。あるいは、関係されたといいますか。

習近平守護霊　ん？　英語で言ってこられると、よく分かりにくいんだが。

質問者B　「黒人の命は大事だ」という。

習近平守護霊　そら、そのとおりだろう。黒人が大事だから、まあ、そらあ、黄色人種も大事だし、移民も大事だし、女性も大事だし、子供も大事だし。あれ、うまくはまったな。

質問者B　見事だと思ったのは、「黒人」の話をしつつ、いつの間にか、その話が「黄色人種」であるとか、そういったところに展開していたことです。

習近平守護霊　それは日本人も喜ぶテーマだな。日本人も被害(ひがい)を受けとるからなあ。

日本人差別や、先の第二次大戦においては、日系の人たちが〝捕虜収容所〟に入れられてな、たいへんつらい思いをしたであろうから。アメリカ国籍のはずなのに、日系人というだけで、あっちもやられたからなあ。その悪夢を甦らせてやればいいだけのことであるからな。

質問者B　なるほど。そうしますと、ほかのカラーといいますか、「人種」のほうにも広がっていった部分に関しては、やはり……。

習近平守護霊　そらあ、兵法的に見て、トランプの最大の弱点だからな、そこが。〝差別論者〟であることはみんな感じ取っていたから、そこを公にしてやることが大事なんだ。

質問者B　では、そこの部分は攻めたと？

習近平守護霊　うん。見事にはまって、アメリカのマスコミは、みんなそこに勢力を投入した。

オバマ時代には、中国はすでにアメリカとの戦争を始めていた

質問者A　今のお話を聞いていますと、やはり、アメリカとの戦争が始まっていたという考え方でよろしいでしょうか。

習近平守護霊　それはもう十年以上前からやってるよ。

質問者A　そうですか。アメリカの国民たちはまだ「戦争」という意識がないなかで、もう戦争を始めていたわけですね。

習近平守護霊　まあ、オバマ時代だって、もうやっていたんだけどね、本当は。オバマはそう思ってなかっただろうけど。

質問者B　すでに十年前から、中国側としては、事実上、「開戦状態」にはあるという。

習近平守護霊　オバマがノーベル平和賞を取れるように運動したよ、ずいぶん。

質問者B　オバマに関しても？

習近平守護霊　うん。

質問者B　では、ノーベル委員会のところも？

習近平守護霊　就任してすぐノーベル平和賞を取っただろう？

質問者B　はい。

習近平守護霊　「核なき世界を」と。まあ、それは、いいことだよな。どんどん、アメリカが率先してそれを言って、アメリカとロシアが核を削減してくれれば、中国にとっては、こんなにうれしいことはないわな。

質問者B　そこに根回しをされて、まんまとオバマ氏がそれにかかったと？

習近平守護霊　うん。ノーベル賞を取れるようにして、トランプはノーベル賞を取れないようにしたから。まあ、うーん。中国の力を見くびるんじゃないよ。

何年までにアメリカを完全に負かし、覇権を取りたいのか

質問者Ａ　中国として、最終的な勝利の期日を決めていたと思うんですが。

習近平守護霊　期日？　期日って何。

質問者Ａ　いつまでに……、例えば、二〇五〇年までに覇権を取るとか、アメリカを完全に負かすとか。

習近平守護霊　いや、私がやってる間に取らなきゃいけないでしょう、それは。

質問者Ａ　やっている間？

習近平守護霊　うん。だから、いちおう二期十年がもともと任期であるんだけど、それを撤廃したので、まあ、二期十年ではちょっと無理かなと思ったから、今、無制限に国家主席をやれるようになっとります。

4　ロシア・欧米の没落への戦略について

「台湾はどうにでもなる」「反プーチンの動きを加速させる」

質問者B　そうなりますと、いよいよ、今年からのことをご質問させていただきたいのですが。

習近平守護霊　うん、うん、うん、うん。

質問者B　二期十年からもう少しプラスアルファして、例えば二〇二五年とか二八年とかいうあたりの議論になってくるかと思うのですが、その場合、世界中が注目している第一のポイントである「台湾」のところに関しては、どのようにお考えでしょうか。

習近平守護霊　これはもう、〝小さすぎて〟どうにでもなるので。ハエ叩きで潰せるぐらいのものなんで。

だから、アメリカの没落と、あと、ロシアの扱いは非常に難しいんだけども、今、「反プーチンの動き」も加速させてるので。そろそろ、あれもちょっと邪魔かもしれない。長いからね。まあ、〝プーチンを取り除く〟ことを、今ちょっと考えている。

質問者Ａ　あれも中国の？

習近平守護霊　いやあ、まあ、協力する場合もあるんだけど、反米ということなら協力することもあるけども、アメリカが没落したあとだったら、ここもちょっと、うーん。まあ、核兵器をたくさん持っておるんでねえ。だから、あんなに長く独裁者をやってる人間を置いとくことは、危険度はある。「背後の危険」があるでなあ。

「アメリカは、もう終わった。『プーチン失脚』が次の目標」と語る

質問者B　今のロシアのあの運動に関しても、裏から……。

習近平守護霊　やってます。

質問者B　ああ、やっている。

習近平守護霊　もちろん。

質問者B　その場合、プーチンという人はKGB（ソ連国家保安委員会）の出身な

ので……。

習近平守護霊　知ってるよ、うん。

質問者Ｂ　そのへんは、当然読んでくるかと思うのですが、そういったあたりに関しては、どのようにお考えでしょうか。

習近平守護霊　何が言いたいの。中国なんか〝全部ＫＧＢ〟だよ。そんなもの、何も怖(こわ)くない（笑）。〝全部がＫＧＢ〟だ。警察だけじゃないよ、もう〝国民までＫＧＢ〟だから、中国は、うん。

質問者Ｂ　そうしますと、そういったかたちで手を打ってきたということがプーチンに読まれることも、想定の上でやっているということですか。

習近平守護霊　読まれたって、それは無理でしょうね。何にもできないだろう、うーん。だから、トランプがやれたんだから、プーチンもやれると思ってるよ、うん。

質問者Ｂ　ああ、プーチンもやれると思っていると。

習近平守護霊　うーん、まあ、「プーチン失脚」が次の目標です。

質問者Ａ　「対アメリカ」に関しては、中国とロシアは同盟を組んだほうが有利ですよね。

習近平守護霊　中国と……？　いやいや、それはアメリカが強い場合だね。

質問者Ａ　では、「もう弱くなった」と……。

習近平守護霊　トランプを落としたら、もう次は……。

質問者Ａ　「もう勝ち」という。

習近平守護霊　もう、次はロシアを倒（たお）さなきゃいけない。世界皇帝（こうてい）になるには、それはそうでしょう。

質問者Ａ　なるほど。「もうアメリカは終わった」ということで。

習近平守護霊　もう終わったよ。

質問者Ａ　そうですか。

習近平守護霊　終わったよ、うん。もう終わった。

質問者Ａ　終わった？

習近平守護霊　うん、もう終わった。

バイデン氏にノーベル平和賞を取らせる運動をする？

質問者Ａ　では、経済制裁とか、かけられていましたけれども……。

習近平守護霊　アメリカは、もうメキシコみたいな国になるだろう。

質問者A　軍事力は中国よりまだ強いですよ、アメリカは。

習近平守護霊　いやあ、それ、だから、全部彼が（軍事力を減らして）〝きれいにして〟くれる。また、ノーベル平和賞を取れるように運動してやるから。

質問者A　バイデン氏が。

習近平守護霊　うん。ノーベル平和賞を取らせてやるから、もう一個。

質問者A　ああ……。

習近平守護霊　だから、核兵器を一掃（いっそう）したらいいんだよ。そしたら、ノーベル平和賞だ、うん。

「アメリカには、経済的にも中国に朝貢させよう」と思っている

質問者Ａ　ただ、経済的にはどうなのでしょう。

習近平守護霊　何が？

質問者Ａ　「洪水も克服した」ということを新年（二〇二一年）の祝辞でおっしゃっていましたけれども、このあたりの経済的打撃というのは……。

習近平守護霊　だから、〝先進国〟の中国に指導してもらうようなアメリカになれば、生き残りができる可能性はあるわな、うん。

質問者Ａ　ああ。では、貿易もアメリカとは……。

習近平守護霊　ああ、中国に朝貢しなさい。

質問者Ａ　朝貢させると。

習近平守護霊　うん、うんうん、うん。

質問者Ａ　では、それで経済的にも……。

習近平守護霊　〝北京詣で〟して、「どういうふうにしたらよろしいですか、アメリカは」と。それについて、いちいちお伺いを立てるようにしたらいい。

だから、勝手に「関税を二十パーセント上げる」とかさ、「二百パーセントにする」とか、そんなようなことで脅したりするようなことは、これからはもう通じなくなるから。

質問者A　通じないと。

習近平守護霊　うん。

「ヨーロッパも押さえ、最後は〝大英帝国〟も撃滅するつもり」と語る

質問者A　では、世界戦略として、各国との付き合い方は、もうすでに決定済みなのですね？

習近平守護霊　うん、うん。まあ、ヨーロッパも押さえるつもりでいるし……。

質問者A　押さえると。

習近平守護霊　最後は〝大英帝国〟も撃滅するつもりでいるから。

質問者A　ただ、ヨーロッパも、「コロナは中国に責任があるのではないか」ということで、反中国に……。

習近平守護霊　言ってるうちにヨーロッパがなくなるから、まあ、いいよ。

質問者A　どのようにして、なくなるのですか。

習近平守護霊　なくなるよ。だから、死滅するんだからしょうがないでしょ。

質問者B　それは、「コロナで死滅する」ということですか。

習近平守護霊　（感染者は）今一億人だろ？　中国は十万人でもう止めてるから。少しは被害が必要と思って出してるけど。十万人で止まってるけど、世界は一億だろ？　これが十億になるのに、どのくらい時間がかかると思ってるわけ？

5　人工的につくられたウィルスの中国国家機密を語る

「中国には、援軍として〝未来から来た人たち〟がいる」？

質問者B　そうしますと、「コロナが広がっていく、伝染していく」といいますか、「新しい変異種が出てきたり」とかいうことも、ある種、想定済みといいますか、あらかじめ分かっておられたのでしょうか。

　ある説によりますと、「そういうふうに変異するようにインプットされていた」ということも言われているのですけれども、そのようにご覧になっていたのでしょうか。

習近平守護霊　知ってたよ。

質問者B　あっ、知っていたと。

習近平守護霊　それは知ってたよ。未来が分かってるから。私らは未来が分かっているので。

質問者B　ああ。なぜ未来が分かるのでしょうか。

習近平守護霊　だから、それは、私たちの「援軍(えんぐん)」がちゃんといるからね。

質問者B　ああ、その〝未来が分かるような援軍〟というのは、具体的にはどのような援軍でしょうか。

習近平守護霊　だから、それは、〝宇宙を設計してる者〟がいるから。

質問者B　ああ、「〝宇宙を設計している者〟がいる」と。それについて、もう少し具体的に教えていただけますでしょうか。

習近平守護霊　それは、うーん……、まあ、秘密の事項ではあるんで。国家機密だから、あれだけど。

質問者B　ええ。ぜひ……。

習近平守護霊　まあ、テクノロジー等を、供与を受けているところがあるのでね、うん。

質問者B　ああ。それは「具体的に、未来を見るようなテクノロジーの供与を受けている」と。

習近平守護霊　だから、〝未来から来た人たち〟がいるんで。

質問者B　あっ、〝未来から来た人たち〟。

習近平守護霊　ええ、中国には。

質問者B　ああ。

ウィルスをつくるのに「高度なテクノロジーの供与(きょうよ)を受けた」

質問者A　その話は、かなり新しい話なのですけれども。

習近平守護霊　ああ、そうなんだ。

質問者B　ええ。非常に新鮮なのは、以前、（大川総裁の机の上に積み上げられた本を指して）そこに何冊か並んでいる、習近平氏のいわゆる「守護霊霊言」では、今言われた部分、「未来から宇宙人が来ている」とか、「テクノロジー供与」ということに関しては、そのときの守護霊様は、「よくは分からん。なんか部下とかがやってるかもしらんけれども」などという感じでおっしゃったのですが。

今、そのことに関してお話しくださっている方は明確に認識していらっしゃると……。

習近平守護霊　まあ、トランプは、宇宙のテクノロジーを開示しようとしていたから、やっぱり消えてもらう必要は

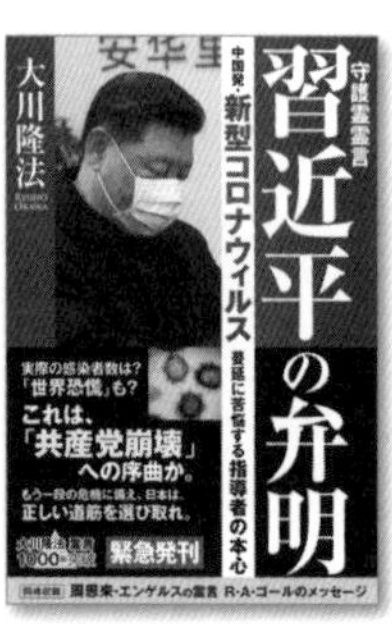

『守護霊霊言　習近平の弁明』（幸福の科学出版刊）

あったし。

こちらは〝別のもの〟ではあるけれども、これによって、そうとう……。うーん、まあ、これが〝新しい兵法〟だなあ。みんなが知らない兵法が入ってくるので。

今回のウィルスだって、「人種ごとに効き目が違（ちが）うようにつくる」っていうのは、かなり高度なテクノロジーが必要だったんで。

質問者B　そうですね。ああ、「そういうテクノロジーの供与を受けた」という。

習近平守護霊　うーん。

質問者A　「その方をご存じだ」ということですね。

習近平守護霊　だから、まあ……、協力してくれたからな、そら。

質問者Ａ　協力してくれたと。

習近平守護霊　うーん。

インドや英米等、国別にウィルスをつくり、日本には少なめに撒く？

質問者Ａ　そのウィルスが、最初に武漢に流出したのですか。

習近平守護霊　いや、「武漢どうこう」というのはあれだけど、まあ。いや、人種ごとにな。だから、「アメリカ人に効いて、インド人に同時に効く」ってことは、あんまりないんだよ。インドはねえ、アメリカ人とだいぶ違う。

質問者Ｂ　ああ。そうしますと、「そういう、インド・ヨーロッパ系の遺伝子に効くウィルスを供与してくださった方をご存じだった」という。

習近平守護霊　いや、種類はいろいろある。国別につくったんだからさ。

質問者B　あっ、国別に全部つくったと。

習近平守護霊　だいたい、うん。まあ、国といっても、「全部」とまでは言わんがな。ある程度、そのへんの近隣にちゃんと渡るようなものを、一つの種類としてね。

質問者B　ああ。そうしますと、先ほど「イギリス」などというお名前も出たのですけれども、「香港問題」とかで多少いざこざが取り沙汰されていますので。

習近平守護霊　ああ。英米（に効くウィルス）は絶対に、それは必要だよな。

質問者B　ああ、そうするとアメリカもそうですが、では、「イギリス向けにも、ある種つくってあった」という。

習近平守護霊　ああ、イギリスは、国の面積と人口に比して被害が大きすぎるわな、どう考えてもな。

質問者B　ああ。今回、特に去年（二〇二〇年）の秋以降に広がったウィルス株に関しては、そうしますと、やはり、そういった流れのなかで……。

習近平守護霊　日本は、だからね、少なめにしておいてやったのよ。だから、将来、使える〝番犬〟になる可能性があるからね。

質問者A　それは、あなた様がご裁断した？

習近平守護霊　うん？　まあ、いちおう、われわれの考えとしても、日本はいちおう〝番犬〟になる可能性があるんで。臣下の礼を取れば、日本は〝使って〟やれる。対欧米、その他、アジア、イスラム圏、アフリカに対して、日本はまだ〝使える部分〟があるから、うん。

6 習近平氏に影響を与える宇宙存在について

〝宇宙の神〟となるべく、地球制覇を目指す存在「習近平X」

質問者B　ちょっと、後半というか、終わりのほうの質問とは考えていたのですけれども、今、お話を伺っていると、そのへんの、非常に〝宇宙的な部分〟も合体したかたちで、地上にいる習近平氏・主席も考え、行動しているとしますと、以前に来られたときの感じとはずいぶん「フェーズ」が違うといいますか、そのへんの認識が……。

習近平守護霊　あんまり、あのー……、英語はあんまり使わないでくれるか。

質問者B　ええ。「段階」が違うといいますか、以前とは、やや人格が〝高度〟になられている。

習近平守護霊　うん。まあ、〝隠(かく)してた爪(つめ)〟をちょっと出しただけのことだが。ああ。

質問者A　「隠してた爪がもともとあった」ということですか、今おっしゃいましたのは。

習近平守護霊　うん、もともと、そらあ、わしほどの者を……。まあ、そらあ、なあ?　「地球でいちばん輝(かがや)いてる存在」だからなあ。そらあ、そうだろう。宇宙からも朝貢(ちょうこう)には来るだろう。

質問者B　ああ。そうしますと、今お話をしてくださっている方は、もしお名前があるとしたら、どういうふうにお呼びしたらよろしいのでしょうか。

習近平守護霊　うーん？

質問者B　あるいは、そのお名前、宇宙でのお名前とか……。

習近平守護霊　うーん……。まあ、「習近平X（シージンピン）」と呼んだらいいいんじゃないかなあ？　うん、うん。

質問者A　その「X」の部分は、まだ秘（ひ）められているということですか。

習近平守護霊　うーん？　いや、わしはもうなんか、今は〝世界皇帝（こうてい）〟だけども、これから〝宇宙の神〟になるらしいから、うーん。これから先には、うん。

質問者Ａ　「なるらしい」ということは、どなたがそのように……。

習近平守護霊　うーん。地球……、いや、地球をまず制覇しなきゃいけないからな、うん。

質問者Ａ　どなたかとコンタクトが始まったということですか。
　二百万光年を超えた、太陽が三つある宇宙から僕が来る？

習近平守護霊　うん？　コンタクトっていうか、まあ、わしの僕がな、いろいろ来るでな、うん。

質問者Ａ　僕？

習近平守護霊　うーん。

質問者Ａ　例えば？

習近平守護霊　だから、二百万光年の距離(きょり)を超(こ)えて、やって来とる者がおる。

質問者Ｂ　ああ。そうですか。

習近平守護霊　うーん。

質問者Ａ　その僕(しもべ)はどういう……。

習近平守護霊　助ける……。私らを助けるためにな。

質問者B　二百万光年というのは、十六万光年ではないので……、えっ？　二百万光年というのはアンドロメダ銀河ですね。

習近平守護霊　いやいや、そんな、アンドロメダとは限らんけども。うーん、なあ、「太陽が三つある宇宙から来てる」と言ってる。

質問者B　はあ、そうですか。

習近平守護霊　うーん。

質問者A　太陽が三つある宇宙。その名前は何と言うのですか。

習近平守護霊　いや、君らには、それは明らかにはできないが……。

質問者A　分からない？　それはまだ、出たことがないところ。

習近平守護霊　習近平Xは知っている、うん。

質問者A　「習近平Xは知っている」と。

習近平守護霊　うん、うん。

習近平（シージンピン）Xは「チンギス・ハンの時代にも来た」

質問者A　「習近平（シージンピン）」と「習近平X」は、違うのですか。同じなのですか。

習近平守護霊　合体している。

質問者A・B　合体している？

習近平守護霊　うん、うん。

質問者A　今、習近平の意識というのは、どういうふうになっているのでしょうか。

習近平守護霊　だから、それは、本人の表面意識はあるよ。

質問者A　本人の表面意識。

習近平守護霊　う－ん。

質問者A　では、潜在意識は、もう習近平Xになっていると。

習近平守護霊　そりゃ守護霊もいるが、ちょっと古いんで。新しいのに、やっぱり、なあ？　入れ替えないといかんわな。

質問者A　入れ替える？

習近平守護霊　〝ソフト〟をな、うん、うん。

質問者A　その「習近平の守護霊」と「習近平X」は魂的につながりはあるのですか。

習近平守護霊　うん、もちろん。

質問者A　ある？

習近平守護霊　もちろん、もちろん。そらあ、前に、前回の「世界帝国」をつくったときにも、そりゃ来てるからね。

質問者A　チンギス・ハンのときも来ていたのですね？

習近平守護霊　うーん。世界……、だから、モンゴルから発祥して、中国に首都を置いて、そしてヨーロッパまで席巻して、南宋を滅ぼして、日本まで攻め込む。こんなことがモンゴル人にできるわけがないだろうが。

質問者A　なるほど。

「天御祖神系の宇宙人に攻撃を受け、住処を求めて地球に来た」

質問者B　では、当時も指導されて、今回も来られたのですが、その……。

習近平守護霊　ときどき来るんだよ。

質問者B　ええ。そうすると、その母体といいますか、〝来られる前〟は、主としてどこにいらっしゃったのかということを、ぜひ……。

習近平守護霊　うん？

質問者B　どこにいらっしゃったのかと、具体的に……。

習近平守護霊　だから、太陽が三つある星。

質問者B　「太陽が三つある星」というのは、具体的に言いますと、例えば、星座とか星雲とかで言いますと、何に当たるのかを教えていただけますでしょうか。

習近平守護霊　うん、ああー。うーん……。まあ、「アンドロメダ」という名も出されたが、アンドロメダにも私らとは違う勢力もいて、向こうで戦っていたのは地球でも戦っておるので。「代理戦争」しておるんでなあ、今、うん。

質問者A　「天御祖神」はご存じですか。

習近平守護霊　うーん。まあ、そう名乗る者もおるかもしらんが、うーん。

質問者B　今のお話ですと、三万年前にアンドロメダから地球に来た「日本神道の源流の神」と幸福の科学で霊査されている「天御祖神」系の宇宙人と戦っていたという。

習近平守護霊　いや、だから、私らの母星はやつらにかなり攻撃を受けては、別の住処を求めて移動してきているのでな、うーん。

『天御祖神の降臨』（幸福の科学出版刊）

質問者B　ああ、そうしますと、「もともと、習近平X様もアンドロメダにはいらっしゃったんですが、そこでちょっと別のところに移動された」という。

習近平守護霊　うーん、追撃戦でこの地球まで来てる、あっちも。

質問者B　ああ、追撃戦で地球まで来ていると。

習近平守護霊　あっちも地球まで来てるが、ここで「代理戦争」をやっておるんだが、今、うーん。

「習近平から習近平Xに切り替わるタイミング」はいつだったのか

質問者C　習近平から習近平Xに〝切り替わる〟というタイミングがあったとすると、いつのタイミングだったのでしょうか。

習近平守護霊　やっぱり、世界皇帝になれる段階が来たときだわな。

質問者C　この地球上で言うと、アメリカ大統領選のあたりで、かなりそういうシナリオになったということでしょうか。

習近平守護霊　トランプは、そこそこ手強いのでね。あれを倒すまでは、ちょっと、〝本当の爪〟を出してはいかんと思うておったが。トランプは倒せたので。

〝宇宙の代理戦争〟で、ギリシャやエジプト、日本とも戦った

質問者B　ちょっと話が戻って恐縮なのですけれども、そうしますと、「アンドロメダから移ったのだけれども、追撃戦があって、その追撃戦は、実は今、地球でも続いている」というのが先ほどのお話ですね。

習近平守護霊　そのとおり。

質問者B　その追撃戦で、相手とは、どういう感じで戦っているのでしょうか。

習近平守護霊　だから、わしらが過去やったのは、元（げん）の国をつくって、ユーラシア大陸を支配して、唯一（ゆいいつ）、鎌倉（かまくら）時代の日本を攻めて敗れた。（敗れたのは）これだけしかないが、日本にも向こうの手は伸（の）びておると思うが。

その前は、うーん……、ギリシャを滅ぼそうとして総力戦をやった。

そのもう一つ前は、エジプトを滅ぼそうとして攻め込んだ。まあ、このあたりまでは歴史に遺（のこ）ってるあたりだな。

質問者B　では、そういったときに、そこと、いわば戦ったと。

習近平守護霊　うーん、だから、向こうの代理戦争はな……。

質問者B　代理戦争で戦ったという。

習近平守護霊　〝宇宙の代理戦争〟をやっておるんで。まあ、エジプトも長かったがな。エジプトも、なかなか強い、長い帝国だったよな、うん。

質問者A　メソポタミアあたりにも出られて戦ったことがありましたか？

習近平守護霊　うーん、だから、最大のころにはいたわなあ。

質問者A　「最大のころにいた」とは？

習近平守護霊　うん、いや、いたというか、まあ、指導したわな。

質問者A　指導をした。

習近平守護霊　うーん、ギリシャ……、だから、ギリシャの民主主義を滅ぼすために戦っていたので。

質問者B　うん。ペルシャを指導したのですね。

闇の神アーリマンは、習近平氏守護霊の「手下の一人」だったのか

質問者A　ゾロアスター教の光の神「オーラ・マズダ」というのはご存じですか。

習近平守護霊　ああ、その時代まで行くか。それはエジプトで戦った前ぐらいに当たる。

質問者A　前ですね。

習近平守護霊　うーん。

質問者A　それは、どういうふうに参加されていましたか。

習近平守護霊　うーん……。うーん……、倒したと思うよ、うん。

質問者A　倒した?

習近平守護霊　うん。ゾロアスターは倒した。

質問者Ａ　そのとき、闇の神といわれる「アーリマン」という対立軸があったのですが……。

習近平守護霊　ふーん。ああ。アーリマンねえ、うーん。

質問者Ａ　アーリマンもご存じなのですか。

習近平守護霊　うーん。まあ、手下の一人だわな。

質問者Ａ　手下？

習近平守護霊　うん。

質問者A　手下なのですね。

習近平守護霊　うん。手下だ。

まあ、その程度しか認識はできんかっただろう、うーん。

質問者B　過日、アーリマンのほうが、「自分のほうが親分だ」という感じで霊言があったのですけれども（笑）（二〇二一年二月一日収録「アーリマンの霊言」参照）。

習近平守護霊　ハハハハハハ（笑）。誰の？　「誰の」があるわけだ。

質問者B　「習近平(シージンピン)X、あるいは習近平が、いわば手下だ」という。

習近平守護霊　ない、ない（笑）、それはないな。あれは今、だいたい、地球の〝腐敗菌(ふはいきん)〟としてあちこち動き回っておるから、それはないな、うん。宇宙起源としても、ほぼ地球を放浪(ほうろう)してるから。

「アンドロメダとゼータ星で敗れ、今、地球で戦っている」

質問者B　そうすると、アーリマン系の流れが、どちらかといいますと、「マゼラン星雲のほうの星の地獄(じごく)領域あたりが発生源」とは言われてはいるのですけれども、それとはまたちょっと別の流れといいますか……。

習近平守護霊　いやあ、だから、アンドロメダで、やや敗北を喫(きっ)して、次に、マゼラン星雲のゼータ星あたりで戦いがあって、植民都市をつくっておったんだけども、そこでもちょっと対立があって。そして、地球にやって来たけど、地球まで追いかけてきたので、いまだにやっておるんだが、うーん。

二つの文明は、だから、「アンドロメダの文明」と「マゼラン星雲のゼータ星の文明」は、われわれの敵対勢力によって、いちおうやられてしまったがため、今、地球で少なくとも戦ってるところだな、うん。

質問者B　そうしますと、ある種、地球が今、最終戦になっているという……。

習近平守護霊　これが全部ではないが、ほかのところでも、まだやっておるので。幾（いく）つかに分かれてやっておるから、うーん。

質問者A　全部ではない？

習近平守護霊　うん。地球は全部ではなくて、その一つ。一つなんで。

質問者Ａ　「一つ」と。「ほか」というのは具体的に。

習近平守護霊　いや、それはおまえらは知らんから、言うてもしょうがない。

7　地球の歴史の背景にある「宇宙の光と闇の戦い」

「弱い者は滅ぼす」「臣下の礼を取るなら許す」と考える

質問者Ａ　その対立軸というか、反対勢力というのは、どういう勢力なのでしょうか。

習近平守護霊　うーん。チッ（舌打ち）、まあ……、わしらの考えと違うんだよなあ。だから、うーん……、まあ、何て言うかなあ。「私らが考えるところの神」と「彼らが考える神」は違うんだ。

質問者Ａ　それはどういうふうに違うのですか。

習近平守護霊　うーん、うーん……。だからねえ、私らから見ると、まあ……、「愛」だとか「慈悲（じひ）」だとかさあ、「反省」だとかいう〝弱々しいこと〟を教える神なんだが、ときどき「正義」を言って、武力を用いることもあるような、変な「〝男女（おとこおんな）〟みたいな神」かなあ、うん、向こうはな。
　こちらはもっと男らしいんで。

質問者A　ちょっと、その考えを……。

習近平守護霊　弱い者は滅（ほろ）ぼす。

質問者A　弱い者は滅ぼすと。

習近平守護霊　うん。強い者が繁栄する。臣下の礼を取るなら許す。

質問者A　許すと。

習近平守護霊　うん。

「宇宙では闇の勢力こそ主流」と主張する習近平氏守護霊

質問者B　具体的には、「習近平X様の神」というのは、どういうお名前の神なのでしょうか。

習近平守護霊　いや、私も神だから。

質問者B　ええ。そうだと思うのですけれども。先ほど、「私たちの神は」というようなおっしゃり方をされましたので。

習近平守護霊　うーん……。だから、「宇宙では、私たちは主流だ」と思ってるんだよ。宇宙は、だいたい暗黒だからね。

だけど、そのなかに光をともしていこうとするやつらがいるのでね。このロウソクの炎（ほのお）を消していく仕事が必要なんで、ええ。宇宙が〝火傷（やけど）〟するからな、消さないと、うん。

質問者Ａ　基本的には「闇（やみ）の理論」ということですね？

習近平守護霊　闇というか、宇宙は闇じゃないか、うん。私たちが八割なんだよ。

質問者Ａ　八割だと。

習近平守護霊　うん。

「釈迦、キリスト、ソクラテスを信じる民族などは消したい」と希望

質問者A　もう一つ知りたいのですが、「裏宇宙」というのはご存じですか。

習近平守護霊　うーん……。今ある宇宙が「裏宇宙」そのものじゃないか。

質問者A　今ある宇宙が裏宇宙？

習近平守護霊　うん。暗黒でしょう、原則。

だから、太陽を持ってる……、銀河系の、太陽を持ってるところだけが明るい。

そこに、ちょっと別種の文明が生まれたので、そこから生まれた考えが広がらない

ように、〝火〟を消し止めている。われらは消防士の役割なんで。

宇宙は闇で、静かなのがふさわしい、うん。

質問者B　ただ、地球の歴史を、今おっしゃった話で見てみますと、今の時代や元（げん）の時代のように、地球の側にそういう集合想念があると、〝穴が開（ひら）いて〟来られるけれども、そうでないときは来られていない、あるいは来られないという歴史だったかと思うのですが。

「通常は、なかなか地球に侵入（しんにゅう）できる感じではない」というようにお伺（うかが）いしたのですけれども、そのあたりは、いかがでしょうか。

習近平守護霊　うーん……、まあ、言ってることはよくは分からんが、とにかく、まあ、宗教で言うと、釈迦（しゃか）、キリスト、ソクラテス……等のほうを信じる文明っていうか、民族とか、そういうものはちょっと、消したい気持ちはあるな。

孔子は、まあ、〝利用できる部分〟があるので、今ちょっと復活させてはおるんだけども。

エルダー星から来た宇宙存在ヤイドロンとの関係とは

質問者D　先日、「白鳥座から来ている宇宙人が習近平のいる中国のほうに介入している」というお話があったのですけれども、白鳥座の方々とはまた違うのでしょうか。

習近平守護霊　ああ、白鳥座もまだ、やっているところではあるな。

質問者D　同じように……。

習近平守護霊　うん、まあ、何カ所かで今やっているので、戦いを。

質問者Ｄ　そうなのですね。

習近平守護霊　白鳥座でもやっておる、うん。

質問者Ａ　ただ、あなた様は、アンドロメダとゼータ星では勢力が押(お)されて、逃(に)げたわけですよね。

習近平守護霊　「逃げた」っていうか、まあ、「水が合わんかった」っていうところもあるかもしらんがな。

質問者Ａ　「地球での勝算」というのは、どのくらいに考えていらっしゃるのでしょうか。

習近平守護霊　うーん？　だから、もう今、勝負がかかってるんじゃないの。今〝千秋楽(せんしゅうらく)〟じゃないか、何を言ってる。

質問者A　ここを千秋楽として考えているということですね。

習近平守護霊　もうすぐ、もうすぐ決まるから。〝世界皇帝(こうてい)〟が、もうすぐ決まるので。

質問者A　ただ、以前、宇宙存在であり、正義の神に相当するヤイドロン様が……。

習近平守護霊　ああ、それ、そいつがな。ゼータ星のときに、そいつが、ヤイドロンがな、これが敵なんだよ。

質問者Ａ　敵なんですか。

習近平守護霊　うん。エルダー星から来たヤイドロンがな、わしらを追い出したんだよな。

質問者Ａ　なるほど。

「国家主席就任からヨーロッパ懐柔に入り、オバマも引きずり込む」

質問者Ａ　ヤイドロン様いわく、「もし中国がアメリカに勝ったとしても、まだ、次にインドがあり、そのあとイスラム圏もある」とのことですから、まだ何段階か……。

『ウィズ・セイビア　救世主とともに』（幸福の科学出版刊）

習近平守護霊　いや、まあ、やつらもしつこいからな、それはな、あるだろうけどもね。

だから、インドは覇権国になる前に潰そうとしてるんで、今。

質問者A　潰そうとしている。

習近平守護霊　うん、してる。

質問者A　ただ、兵法的に考えると、同時に全方向で戦うのは……。

習近平守護霊　いや、ここまでは、そうとうの〝スーパーパワー〟がないとできないよね。

ヨーロッパも、私の国家主席就任から、もうヨーロッパ懐柔も入ってるし、オバマも引きずり込んでいるし。

トランプだけが反逆を企てようとしたが、これも、アメリカ人が〝衆愚政を好んだ〟ため滅ぼされて、もうすぐ、監獄に行くか、外国に追放されるか、どっちかになるんだろうけども。

いやあ、敵は多いけどねえ。

まあ、あと、ヨーロッパはもう、ほぼ没落中で。イギリスとまず分断をして、イギリスはイギリスで潰すが、あとは、ヨーロッパの中心がドイツなので、ドイツは先の大戦のときに負けてる負い目があるので、ここもちょっとな。

ドイツに入ったのは、ずばり「わしのほう」ではないんだけども、まあ、「友軍」がもう一つあることはあるんで、そっち側が行ったんだけどな。

質問者B　その友軍というのは……。

習近平守護霊　まあ、これは、よそ様のことをあんまり言うてはいかんけども。

質問者A　よそ様？

習近平守護霊　アトランティス時代に来てたやつらだな。

質問者A　具体的にお名前などをご存じなんですか。

習近平守護霊　いやあ、わしらとは違うから、それは言うことはできん。

過去のアメリカ文明で繁栄した赤色人種を〝原爆〟で滅ぼした？

質問者A　今回のアメリカの大統領選を見てみますと、国民の考え方が非常に大きく影響しているなと思いました。左翼的な考えとか、唯物論的な考えとか、あるいは全体主義を受け入れるような考え、まあ、GAFAなどもありますが、そういう考え方に染まったときに、非常に攻め込まれやすいのだなということを理解したのですが。

習近平守護霊　まあ、いろいろあるさ。アメリカの文明を滅ぼすのは、これで二回目だからさ。

質問者A　二回目？

習近平守護霊　うん。前回、一回滅ぼしてるから。

質問者B　では、一回目のときも手を下されたというふうにおっしゃっているわけですね。

習近平守護霊　あのねえ、アメリカには「赤色人種」といわれる民族がいて、文明が繁栄した時期があるんだけど、これはほとんど根絶やしになって、一部が原始人化してインディアンとして遺っただけなので、ほぼほぼ全滅してるので。あのときは、〝原爆戦争〟をしたんだよ。

あれは、今から言うと、どのくらい前なのかねえ。うーん、二千年までは戻らんが、千何百年前で、まあ、紀元で言うと、二、三……、三、四世紀か、そのくらいだな（著者注。まだ正確な霊査はできていない）。

もう、これは根こそぎなくなってるから。中心が今のネバダ砂漠、ここが、その文明の中心よ。砂漠になってしもうた。

質問者B　一説によると、そのときは、「火星方面からの攻撃だった」と言う方もあったのですが……。

習近平守護霊　ほかもあるが、まあ、火星っていったって、わしは地球に来る前に何もしないわけないから、そりゃあ、火星もやるさ。火星に前線基地をつくってから地球に来てるから、それは、火星にもいるよ。

質問者B　なるほど。

「実用主義」や「科学技術」では地球人を凌駕したが、宗教が敗因に

質問者A　先ほどの話ですと、愛や慈悲、反省の神に、少なくともアンドロメダでは負けたと……。

習近平守護霊　いや、アンドロメダはそういうのではなくて、どちらかというと、うーん……、まあ、ある意味では似てたんだが。似てたんだよ、ある意味では。

質問者A　あなた様と考えが似ている？

習近平守護霊　うーん。まあ、「武士道の戦い」かな。

質問者A　武士道の戦い？

習近平守護霊　「武士道 対 武士道の戦い」だと思うんだ。

質問者B　武士道ですか（苦笑）。

質問者A　ただ、そこでは、要するに、「強い者が勝てばいい」という……。

習近平守護霊　「柳生(やぎゅう)流 対 北辰(ほくしん)一刀流の戦い」みたいなもんであって……。

質問者Ｂ　いやいや、武士道ですと、いちおう「弱きを助ける」というのが入っているのですが。

習近平守護霊　知らん、そんなことは。

質問者Ｂ　「弱きを滅ぼす」のではなくて、「弱きを助ける」というのがあって……。

習近平守護霊　知らん、知らん。武士道は相手を倒(たお)すのが基本だから。

質問者Ａ　ただ、「尊いものの価値を護(まも)る」というものがあるはずなんですよ。

習近平守護霊　ふーん。知らん。

質問者A　知らん？

習近平守護霊　そんなことは知らんが、アンドロメダの……。

質問者A　ただ、あなたは、「愛を語る者は弱い」と先ほどおっしゃいましたけれども……。

習近平守護霊　弱いよ、うん。

質問者A　なぜ、そこに敗れてしまったんですか。

習近平守護霊　だ、弱いから……、弱いから、国がそこで衰退するんじゃないか。

質問者Ａ　衰退したけれども、なぜ、アンドロメダから追い出されてしまった、あるいは逃げてしまったのですか。

習近平守護霊　だから、いや、やつらは、武力が強すぎただけであって……。

質問者Ａ　「武力は強かった」ということですね。

習近平守護霊　うん、うん。

今も、わしらも思ってることの反対もやっておるよ。だから、アメリカに〝慈悲深い政権〟をつくらせてやったんじゃないか。それがアメリカを滅ぼすんだから。

質問者A　ただ、あなたの考えのなかには、慈悲はないですよね。

習近平守護霊　ないよ。

質問者A　ないですよね。

習近平守護霊　うん。

質問者A　この地球上の歴史で言えば、結局、元はヨーロッパを攻めに行きましたけれども、最終的には勝っていないですよね。これは、どうしてなのですか。

習近平守護霊　いやあ、それは、根強いキリスト教文化とイスラム教文化が、すでに先行してあったんで。

わしらは、要するに、君たちで言う「実用主義」の面では彼らを凌駕(りょうが)して、「科学技術」的にも凌駕していたんだけども、まあ、地球人のつくった、そういう「宗教に当たるもの」を立てられなかったところが敗因かなと思う。

質問者A　なるほど。宗教は「強さ」と関係するということですね。

習近平守護霊　いやあ、宗教は「弱さ」と関係するんだよ。

質問者A　だって、宗教を立てられなかったところが敗因だと……。

習近平守護霊　弱い人たちが宗教に集まるんで。だから、わしらには要(い)らないんだが、ただ、私らが強いためには、指導者が天才的知能を持ってることが必要であるがゆえに、続かないことがあったな。血族主義では続かない。

質問者B　思想としては遺せなかったので続かなかったということですか。

習近平守護霊　うん、そうそう。「思想」が遺らなかった。「実用」っていうより、まあ、今、現代で言えば「科学技術」だけどな。

欧米やアジア、アフリカは〝世界皇帝〟習近平にひれ伏すのか

質問者A　今回の中国も同じ轍を踏むことはないですか。

習近平守護霊　うーん、まあ、君、鋭いところは突いてはきているけども、まだ、その前に、ちょっと〝世界皇帝〟に就任することが先なので。

そのほかは、ちょっと考え……、だから、「習近平思想」「習近平思考」を世界に〝輸出〟することは考えておる、うん。

質問者C　どのあたりまで行ったら、〝世界皇帝〟と言えるというふうに考えていらっしゃいますか。

習近平守護霊　うーん、まあ、アメリカ大統領が臣下の礼を取って〝北京詣で〟をする。日本はもうすぐにそうなるけど、もう〝北京詣で〟に、もうすぐまた来ると思うが。

あとは、ヨーロッパは中国の資金で資金繰りが回ってる状態。それから、アフリカやアジアの国は北京の慈悲に頼って生きてる状態。

それから、大英帝国は、かつての侵略に対して、世界に対して謝罪をする、「われわれもヒットラーの仲間であった」と言って謝罪をする。

こういう状態までつくれたら、ほぼいける。

まあ、日本はもともと〝ノーカウント〟だから、これは〝小使いさん〟として使おうとは思っておるんだがな。

質問者A　そこまでは行くということですか。

習近平守護霊　うん。

「キリスト教は、中国関連ではすでに籠絡されている」と語る

質問者A　今、世界的に、宗教というものが弱くなっています。信仰心が弱くなっているのは全世界的な状態です。

習近平守護霊　うん、うん、うん、うん。

質問者A　その状況では入り込めると思うのですが、次の世代に、また新しい宗教

が起こってきて、人々が強い信仰を持ち始めたら、どうするつもりですか。

習近平守護霊　まあ、そんなこと、あんた（笑）、仮定の問題に答えてもしょうがないじゃない。

質問者Ａ　それはないと？

習近平守護霊　だから、香港（ホンコン）で見りゃあ、香港の行政長官もカトリック、アグネス・チョウと、あの、なんか、もう一人いるじゃないか、男の。

質問者Ｃ　ジョシュア・ウォン。

習近平守護霊　ジョシュア・ウォンとかも、クリスチャンだと思うが。

だから、クリスチャン同士で戦って、片方を刑務所送りにしてるんだからさ。まあ、キリスト教なんて、もう愛の思想ではなくて、分裂の思想になっとるじゃないか、とっくに（笑）。分裂と対立の思想になっとるのだよ。もう意味ない。

中国国内でも、「地下教会　対　地上教会」。両方とももう中国当局の監視下にあって、右手に乗せるか左手に乗せるかだけの違いだし、もう任命権も持ってるからね。だから、キリスト教は、中国関連に関しては、もはや籠絡されておるな、すでに。

終わってる。終わった。

8　中国国内に対する「習近平思考」とは

中国では「私に歯向かう者は生きることはできない」

質問者B　本日のテーマは「習近平思考の今」ということで、この思考を、主として海外のほうに当てはめた話を、今、縷々伺ったのですけれども、これを中国国内に当てはめてみた場合のことを考えたときに、どうなるのでしょうか。まあ、先ほど洪水の話もありましたが、これは、中国内部のほうからの発表とか、データ、ある種の研究などでも、「数千万人から一億人ぐらいの人が、実は家を失っている」というデータなどもございます。

習近平守護霊　いや、家なんか要らないよ。もともと洞窟に住んでたんだから、そんなの、いいよ。

質問者B　要するに、「洞窟に住めばいい」というのが、習近平思考の国内における考え方だという……。

習近平守護霊　習近平も洞窟に住んだことがあるからさ、追放されたときに。

質問者B　ええ。

それで、「なぜ、そういうことが起きてきたか」ということに関して言うと、いわゆる富裕層とか、特権を持っている方々の権益、つまり下流に住む人の権益を護るために、上流の堤防を壊して、上流に住む民をみんな水没させるということが平気で行われたという話もずいぶん聞いているのですけれども、こういったあたりも、「強ければいい」という考えの、一つの応用例といいますか……。

習近平守護霊　中国では、それは北京(ペキン)政府というか、まあ、私だが、私に歯向かう者は生きることはできません。うん。国外逃亡(とうぼう)もさせません。殺すしかない。

質問者B　ええ。なので、「別に、堤防を決壊(けっかい)させるぐらい平気である」という……。

内モンゴル、ウイグル、チベットで行(おこな)っている「宇宙人との交配実験」

習近平守護霊　いくらでも人間は増やせるんで。

今ね、あんたがた、余計なことをいっぱい言うとるがな、内モンゴル、それから、ウイグル、チベット、こんなので、なんか、「ヒットラーみたいなことをしている」とか言ってるけど、何を間違(まちが)ったことを言ってるんだ。〝ヒットラー以上のことをしてる〟んだからさあ。

質問者A　ヒットラー以上。

習近平守護霊　おまえらはバカか、ほんとに。

質問者A　なるほど……。

習近平守護霊　要するにねえ、「宇宙人との交配実験」をやってるんだからさあ。漢民族はもったいないから、そうでない、あの〝出来損ないのやつら〟を使って、宇宙人との交配をやっとるんだからさあ。

質問者B　その件で一点、お伺いしたいのは……。

習近平守護霊　人口は増やせるんだよ、いくらでも。だから、死んだってね、洪水だろうがイナゴの害だろうが、死んだって構わないの。その分つくりゃあいいんだからさあ。だから、死ぬことを前提にして、一人っ子政策をやめてるんだからさ。

質問者B　今回の「ザ・リバティ」でも、その部分の走りとしての「人造兵士」の記事を書いたのですけれども……。

習近平守護霊　君、どこで見てきたように書いてんだよ。

質問者B　まあ、見てきたに等しいのですが……。

月刊「ザ・リバティ」(2021年3月号、幸福の科学出版刊)

中国で肉体改造の研究をしているのは、宇宙人の地球移住のため？

質問者B　要するに、冷静に過去のいろいろな霊言(れいげん)などから見ますと、これはたぶん、あなた様の考えというか計画なのかもしれませんが、いずれ、その宇宙人、宇宙の魂(たましい)たちが、中国なり地球に移住するのに肉体改造が必要なので……。

習近平守護霊　そうだよ。そう、〝地球人になりたい人〟がいっぱい待っとるからさあ。

質問者Ｂ　ええ、待っているので、いちおう「スーパーソルジャーをつくる」という名目で中国国内には説得していますが、実は先々のことを睨(にら)んだ、移住用の肉体づくりをしているという。

習近平守護霊　うん、そう。それはそのとおり。やってる。

質問者Ｂ　ええ、ですね。はい。

習近平守護霊　やってる。研究してる。で、ヒットラーは着手はしてたけど、あんまり大したところまで行かなかったが。

まあ、われらの魂群（たましいぐん）をウォーク・インはできるんだが、直接、魂として人間の人体を支配する主人になるには、肉体が少し改造を必要とするんで。このままでは駄目（だめ）だから。

「地球人よりも高温や低温で生きられる体が必要」

質問者Ａ　非常に興味深いのですが、あなた様の星での肉体というのは、どういう特性を持たれているのですか。そこの宇宙人との交配を考えているということですよね。

習近平守護霊　だからねえ、うーん……、もうちょっと高温でも生きられ……。

質問者Ａ　高温で。

習近平守護霊　もうちょっと低温でも生きられるような体が必要なんだよ。

質問者Ａ　それは、かなり肉が厚いというか、もともとどういうようなお姿で……。

習近平守護霊　こういう人間の、こんな〝柔肌（やわはだ）〟の皮膚（ひふ）、〝薄（うす）い皮膚〟で護られてるような、こんな肉体ではちょっともたないので。

質問者Ａ　二足歩行でいいのでしょうか。

習近平守護霊　うーん、まあ、二足歩行でもいいな、うん。

質問者A　いいですか。

習近平守護霊　うーん。

質問者A　ああ。身長はこんな感じでいいのですか。

習近平守護霊　いや、ちょっと食料の問題があるから、それは、体の大きさは加減せないかんけども。

〝兵士〟に改造するのは占領(せんりょう)地域の人たちで、支配階層はあと

習近平守護霊　あと、もうちょっと……、まあ、中国は可能性が高いのは、何でも食べられるからね、中国人はねえ。爬虫類(はちゅうるい)でも両生類でも何でも食べるから。コウ

モリでも食べる。いや、コウモリは食べないのかな、知らないが。まあ、ほかの国に比べれば何でも食べるからねえ、入りやすい。

インド人なんか、あんなに人口がいるのにさあ、タンパク質源の生き物をあんまり食べないからさ、痩せ細ってるよなあ? 本当、カレーばっかり食って痩せとるから。

質問者B　その場合、「スター・ウォーズ」の映画なんかでもそうだったのですけれども、人造兵士、クローン兵士がいて、普段は従順なのですが、あるときスイッチをパチンと入れたら、一斉に手のひらを返して、いわゆる支配勢力に対して乗っ取りをかけて、国を丸ごと乗っ取ってしまったというのがあります。今のお話ですと、実はそういう未来を、ある種考えてもいるということでしょうか。

習近平守護霊　いや、そんなことはない。今、中国共産党は九千万ぐらいいるけども、九千万人で十四億を支配する練習をずっとやってるんだからさ。そういうふうな支配構造は覆(くつがえ)らないような思想を、今、つくってるところよ。

アメリカが敗れたのを見て、この二大政党の議会制民主主義っていうのがどれほど弱いかを、今、中国国民に一生懸命(いっしょうけんめい)、啓発(けいはつ)してるところだからな。

質問者B　そうしますと、未来の中国共産党員の肉体というのは、ある種の〝怪獣(かいじゅう)〟と言ったら失礼ですけれども、そういう肉体を持った人が共産党員になる……。

習近平守護霊　いや、最初は、それはやらない。最初はやらない。最初は、今の占領(せんりょう)してる地域で、まずは〝兵士〟に改造する。

質問者B　ああ、なるほど。

習近平守護霊　強い兵士に改造することを、まずはやります。支配階層をやるのはちょっとリスクがあるので、もうちょっとあとになりますねえ。

質問者B　なるほど。

今、漢民族の支配する中国で異民族が独立を始めたら十七に分裂？

質問者A　去年の夏に、幸福の科学の総裁が、「十七個の頭と尾を持ち、羽根を持った巨龍が暴れていた」という夢をご覧になっているのです（『シヴァ神の眼から観た地球の未来計画』「あとがき」参照）。この巨龍について、何かご存じのことはありますか。

習近平守護霊　うーん……。うーん、まあ、十七個ぐらいはあるかもしらんなあ。

『シヴァ神の眼から観た地球の未来計画』（幸福の科学出版刊）

質問者A　あるかもしれない。

習近平守護霊　うーん。中国のなかにも、今は押さえ込んではおるけれども、群雄割拠させたら、十七個ぐらいに割れるぐらいの〝頭〟はあるんだな。

　これは、本当はいろんな異民族が入り乱れてる国ではあるんで、押さえ込んでるんだけど。今、漢民族が押さえ込んでるけど、ほかの異民族がそうとう入ってるので、これらがそれぞれ、なかで「独立」とか始めたら、それはバラバラになる可能性はあるんで。

　だから、君らは言うけど、モンゴルだ、ウイグルだ、そんなのが「独立運動」を成功したら、ほかのものまで独立してくるから。

　君らは知らない。もう〝全部漢民族〟だと思っとるんかもしらんが、そうじゃないから。みんながこれ、「独立運動」を始めてくるから。

漢民族の時代っていったって、もうほんのちょっとしかないから。君らが代表的な中国だと思ってる唐の時代でさえ漢民族じゃないんで。あれは鮮卑族の支配なんで。異民族によって中国は支配される。

元はモンゴルに支配されてるし、清は満州族に支配されて。だから、異民族の人たちっていったって……、金だって中国人じゃないよ。金、金、金、金……、金（後金）が建っていたのは明王朝（の時代）か。うん、うん、あれも漢民族じゃないよ。

だから、異民族支配が続いてんだよ、中国は。そういうのをずっと数えると、頭は十七個ぐらいはあるかもしらん。

その前は、あっちもある、突厥のほうねえ。あっちの中央アジアあたりも、ロシア系からもう、アフガニスタンから中東あたりの民族までなだれ込んで、インドからだってちょっと入ってきてるし、それから、韓国系、北朝鮮系もあるし、まあ、台湾が倭寇の国みたいになってたときもあるし、もういっぱいあるんで。

質問者Ａ　これをおまとめになっている。

習近平守護霊　それを一枚で共産党が押さえてて、これ、ものすごく〝幸せな時代〟が、今、中国を訪れてるのよ。世界最強国になって、一つの思想でまとまって、みんなが、こう、うん……。

洞庭湖娘娘が霊界から中国に「水の革命」を起こそうとしている

質問者Ｃ　幸福の科学でキャッチしている霊界からのメッセージとしては、例えば、昨年ぐらいから洞庭湖娘娘という霊人が出てきて……。

習近平守護霊　チッ（舌打ち）、（洞庭湖を）埋め立てたろか、ほんっとに。

質問者C　「水の革命」というキーワードが出たりしているのですけれども。

習近平守護霊　埋め立てるぞ、あんまり言うんだったら。

質問者C　こういった霊界の動きも、もちろんご存じだと思うのですが、実際に中国に、体制を変えるというか革命を起こすような霊界のパワーが起こりつつあるということです。

習近平守護霊　反乱軍だよ。反乱軍だ。うん、洞庭湖、あんまり言うなら埋めるよ、もうほんとに。

質問者A　それは反乱軍ではなくて、あなた様がもし、中国の孔子（こうし）を尊重されてい

CD「水の革命」（作詞・作曲 大川隆法、発売・販売 幸福の科学出版）

るのであれば、堯、舜、禹という聖人の、その堯の娘が洞庭湖娘娘なわけですよ。

習近平守護霊　知らんよ、そんなことは。知らんけど、そんな……。

質問者A　ただ、洞庭湖娘娘は中国において正当性があるということです。

習近平守護霊　昔の伝説なんていうのは、もう村ぐらいの大きさでやっとった国なんだろうが、今みたいなこんな近代中国、世界を制覇し、宇宙にロケットを飛ばして、行って帰ってくる中国とは、「全然違う中国」なんで。

質問者A　ただ、中国の始まりでは、その堯、舜、禹という政治家たちが「天帝」を信仰していたわけですよ。

習近平守護霊　ふうーん。

質問者Ａ　そこから始まってきたわけですね。

習近平守護霊　それは古代人だな。〝古代のインディアン〟みたいな民族がいて、そういう〝インディアンの神〟がいたっていうだけの話であって、現代のこの、宇宙を支配しようとしてる中国から見れば、そんなもの（笑）、もうはるか昔の原始の時代だからさ。

質問者Ａ　ただ、霊的パワーというのを……。

習近平守護霊　洞庭湖娘娘なんていったって、どうせ、その洞庭湖に住んでる大ウナギか何かだよ、それはもう。

質問者Ａ　ただ、あなたは昨年、洪水に苦しみましたよね。

習近平守護霊　うーん、まあ、川が暴れると龍みたいに見えるときがあるわなあ。

質問者Ａ　あれは、なぜだと思っているのですか。

習近平守護霊　知りません。そんなものは……。

質問者Ａ　あれは、単なる物理的なものではなく……。

習近平守護霊　ああ、ああ、ああ、それは分からないものもあるけども。ただ、私らは、人民が一億ぐらい死んだところで、また〝品種改良〟するから、別に構わないんで。

質問者A　なるほど。

　習近平氏は、始皇帝と霊的には協力関係、毛沢東は〝利用しただけ〟

質問者A　霊的には、始皇帝とはどういう関係にあられるのですか。

習近平守護霊　うん？

質問者A　始皇帝とは。

習近平守護霊　ああ、始皇帝……。ああ、始皇帝、始皇帝のときは、ずばり私たちではなかったけども、まあ、他のなんか知恵袋はついたんじゃないかと思うんだがなあ。

質問者A　そこは違うのですか。

習近平守護霊　うーん、ずばり一緒(いっしょ)ではないんだが、ただ、まあ、今、協力関係にはある。

質問者A　協力はしている。

習近平守護霊　うん。協力関係にはある、うん。

質問者A　あと、今、毛沢東(もうたくとう)とはどうなっているのでしょうか。

習近平守護霊　うーん……。まあ、毛沢東は、どっちかというと〝利用しただけ〟なんで、そんなにあれではないんだけど。

質問者A　利用した？

習近平守護霊　いや、あれ、負ける可能性もあったんで。うーん……、弱くって。だから、日本軍はほとんど蔣介石軍と戦っていたんであって、毛沢東の共産党っていうのは、もう、とにかく西へ逃げて逃げて逃げて。三国志の劉備玄徳の蜀の国のまねをして、もうとにかく日本軍が来れないような山奥に逃げて、洞窟生活を転々としてたのが毛沢東で。日本軍が蔣介石軍をだいぶやっつけてくれて弱って、そして、日本軍が敗れたがゆえに、そのあと内戦に勝てて復活したんで。

あのときには、毛沢東が天下を取れるとまでは思ってなかったんだけど、おかげさまでアメリカの攻撃が激しくて、日本が敗れてくれたために……。日本が敗れてなければ、毛沢東の政権はできてないから、うーん。

質問者A　なるほど、では、今、中国での霊的な力関係が変わってきたということですね？

習近平守護霊　いや、まあ、毛沢東はそんなに強くなるとは思ってなかったけど、利用はした。

習近平氏と「裏宇宙の悪魔アーリマン」の力関係はどうなっているか

質問者A　もう一度、話は戻りますけれども、アーリマンとは、今、具体的にはどういう関係になっているのでしょうか。

習近平守護霊　うーん……。アーリマンは「手下」なんだよなあ……。

質問者A　手下なんですか?

習近平守護霊　うーん。

質問者A　それは、いつから明確に手下という力関係になられたのでしょうか。最近のことですか。

習近平守護霊　うーん……。

質問者A　もともとですか。

習近平守護霊　いや、ゾロアスター教は中国にも入ってきてるんだよな。

質問者A　はい。

習近平守護霊　昔な、うーん。ゾロアスター教は拝火教として入ってきているんで。だから、まあ、うーん……。それも管理はしておったから。

うーん、アーリマン、うん。アーリマン……、アーリマン……、アーリマンっていう……。

ゾロアスターをこの世的には滅ぼした。けども、また次に……、まあ、中東は次々次々と宗教が起きるところなんで、新しい宗教が起きると前のほうが滅ぼされていくから、そのへんがちょっとよくは分からないんだけども、今まで生き残って、まだゾロアスター教があることはあるので。

うーん……、うーん……、アーリマン。アーリマンがどこにいたか。いやあ、いろんなところにちょこちょこ出てはいるんじゃないかなあ。

カンボジアなんかで、ポル・ポトが二百万人ぐらい人を殺したときとかは、アーリマンがあっちにいたと思うんだな、そのころは。
だから、中国に必ずしもいるわけではないんで。

質問者A　手下ですけれども、つくところはコロコロ変わるんですか。

習近平守護霊　それは……、それは〝組長〟はたくさんいるわな。うん。組長はなあ。

質問者A　ああ。「アーリマンは裏宇宙から出てきている」というのはご存じでしょうか。

習近平守護霊　うーん、まあ、来てるかもしれんが、組長はたくさんいるわけで、だから、〝総頭〟っていうのはその上にいなきゃいけないわなあ。

質問者A　総頭がいる？

習近平守護霊　うん、うん。

質問者A　それがあなた様？

習近平守護霊　うーん、うん。今、だから、〝世界皇帝〟になれるような地位に立ったので、総頭が、今、習近平と一体化しているんじゃないか。

質問者A　ただ、あなた様が神と考える方もいらっしゃるんですよね？

「ダークマターを発明した者が宇宙の根源神」と考える

習近平守護霊　うん？

質問者A　〝総頭の頭〟が。

習近平守護霊　私が神と考えるもの？　地球にはいないよ。

質問者A　宇宙に？

習近平守護霊　うん。宇宙には、それは、もう一段力のある者もいることはいる。

質問者B　もう一段力のある者がいるという。

習近平守護霊　うん。

質問者Ｂ　ああ。それは具体的には？

習近平守護霊　分からん。それは分からん。それは分からんけども、まあ、この「宇宙の闇」をつくりし者がいるから、造物主だな。「闇」というものをつくった。だから、「ダークマター」を発明した者がいる。それが、宇宙の本当の根源神だ。それに反乱を起こしたのが、そのオーラ・マズダのずーっと過去を辿っていくところの「光の神」で、これが〝反乱〟を起こしたんだ。

質問者Ａ　反乱を起こした……。

習近平守護霊　うん、宇宙は闇なんだ。

質問者Ａ　宇宙のなかに、「宇宙は闇」という思想が流れているわけですね。

習近平守護霊　いや、思想が流れてるんじゃなくて、もともと闇なんだ。

質問者Ａ　では、宇宙を創られた方はご存じなんですか。

習近平守護霊　うーん、だから、そのー……、まあ、コールタールのような……、何百万光年も向こうにおわす存在だから分からん。けども、存在する。

もしかしたら、おまえたちが「ブラックホール」という名でちょっと発見し始めたけど、ブラックホールの向こう側におる者だと思う。星が、恒星が死滅するときがブラックホール化するんだろう？　だから、地球だったら、地球を直径一・七七センチまで縮めればブラックホールが発生する。で、太陽系のほかのものを全部吸い込み始める。ブラックホールで吸い込み始めたら、吸い込んだ先はどこかというところだな。それを「裏宇宙」と呼んでおるのだよ。

質問者Ａ　はい。そこにあなた様が考える……。

習近平守護霊　うん、その裏宇宙こそが、実は宇宙の母体なんだよ。な？　だから、表に出てるのは一部で、その吸い込まれた部分、外側に、この「裏宇宙」っていう大きな宇宙があるんだよ。

質問者Ａ　そこの主(ぬし)はアーリマンというわけではないんですね。

習近平守護霊　いやあ、それは手下よ。

質問者Ａ　手下なんですね。

習近平守護霊　うーん。手下、手下。

質問者Ａ　ああ、初めて知りました。

9 「習近平思考」で世界をどう制覇するか

「民主主義は嫌い。『人間に仏性がある』という思想は信じられない」

質問者A　では、ちょっと話が壮大になりすぎましたので、現代に戻すと、この地球は、いずれどのようになっていくか、あるいはどうしたいとお考えなのでしょうか。

習近平守護霊　だから、まあ、そのー、やっぱり、うーん……、私は民主主義というのは嫌いなんで。「人間に仏性がある」とか「神の子だ」とか、そんな思想は信じられないので。宇宙はダークマターからできているのであって、そういう……、〝黒一元〟論だな。

質問者A　人間の本性は「悪」であると。

習近平守護霊　〝暗黒一元〟。「悪」じゃなくて、まあ、君らが「悪」と思ってるものが幻想なんだ。

質問者A　「唯物論」と今の考えは、どういう関係にあるのですか。

習近平守護霊　うーん、唯物論っていうのは、だからねえ、君らは、こう、闇のなかにポツポツと湧いてる粟粒のような星、天体がある、この銀河や太陽系みたいなものを中心に考える思想で。われわれは、それを外側から、グルーッと遠く外側から見ている存在だからな。

「はっきりとものが言えん」って、今、君は思ってるのか。

質問者B　いえいえ。外側からグルーッと包んでいるのが「光」であるわけなんですけれども。

習近平守護霊　いや、「闇」なんだ。何言ってんだよ。

質問者B　ええ。ですから、見方によって百八十度変わるものだということがよく分かりました。

習近平守護霊　まあ、反乱するようなものは全部死滅（しめつ）させる。まあ、コロナウィルスなんかはその象徴（しょうちょう）でね、要するに、敵対するものは全部死滅させていくから。

「日本を〝アメリカの植民地〟から解放し、中国に朝貢させる」と考える

質問者C　少し具体的にお伺いしたいのですが、先ほど、十七頭の頭を持った龍が暴れている霊夢の話がありました。これは、日本に対する、近未来の侵略的な動きのように読み取れるところがあるのですが、今、日本に対して考えていることは何かありますか。

習近平守護霊　いや、君たち、何言ってんだよ。私たちは日本を〝解放〟しようとしているんだよ。

君たちは〝アメリカの植民地〟だったんだよ。知ってる？　七十何年にわたって植民地だったんだよ。今でも植民地なんだよ。アメリカの基地が日本に幾つあると思ってんだよ。日本は「アメリカに護られてる」って言うけど、アメリカに支配されてるんだよ？　君たちはアメリカの植民地下で〝奴隷的生活〟を送ってるんで。

もともとは、中国の支配下にいて中国に朝貢するのが日本の正しいあり方なんだよ。だから、このアメリカの植民地から君たちを〝解放〟してやろうとしてるんで。もうすぐ君たちは〝解放の日〟が来るから、それを楽しみに待っていなさい。そして、中国から〝盗んだ〟漢字を使わせていただくことに対して、日本国民みんなが、毎朝、「中国のみなさま、ありがとう。漢字を下さってありがとう」と感謝するような日々が来る、もうすぐ、うん。

質問者C　「もうすぐ」というのは、何か具体的なアクションが予定されているのでしょうか。

習近平守護霊　うん、だから、アメリカを追い出せばいいんだろう？　それだけのことだよ。うん、これ退かざるをえないようにしてあげるから。

質問者B　その「退かざるをえないようにしてやる」というところを、少し具体的に教えていただけますか。

習近平守護霊　いや、そらあもう、バイデンさんがノーベル平和賞をお取りになられて、ええ、米軍を削減に入られて、ええ、もう、なぜか結論はトランプさんが言ってたような「アメリカ孤立主義」になりますから、ええ、残念ながら。言葉だけは違って、結論が一緒になるから。

質問者B　ええ。

多神教のインドを支配するための戦略とは

質問者B　今年から来年にかけての動きを見ると、来年は北京五輪、冬季オリンピックなども想定されているのですが、中国がオリンピックを開くということに関して、ボイコット運動が始まっております。

例えば、そういう動きが世界に出るとする、あるいは、もし台湾（たいわん）に触手（しょくしゅ）を伸（の）ばされた場合には、これはいろいろなことが世界から起きると思うのですが、それに対しては、単純に〝黒一色に染め上げる〟ということでいけるものなのでしょうか。

習近平守護霊　ああ、君たちはバカと違うか。君、頭悪いな。

あのねえ、「日本は中国のもんだ」って言ってるのに、台湾のことなんか心配してる場合か！

質問者B　ええ。日本と台湾の運命は、ある種、共同体みたいなところもありますので。

今のおっしゃり方に対し、あえて言いますと、日本は台湾の旧宗主国（そうしゅこく）の責任として、そこまで考えなければいけないという面もありますから。それで、ご質問しているのですけれども。

習近平守護霊　まあ、あと、インドも唯物論国家に変えなきゃいけないねえ。そうしないと、インドを支配できないからねえ。

あのインドのガジャガジャとした多神教、あれはうっとうしいから。あれは、もう〝原始人の宗教〟だから。

インドも一掃する必要があるので。思想的にいったん「唯物論」に染めて、全部を〝廃仏毀釈〟させなければいかんね。それで、そのあとに新しい習近平思考をぶち込んで、そして、中国資本の下にインドを再開発する必要がある。

質問者B　例えば、インドに唯物論思想を入れ込んでいくというのは、具体的に何か……。

習近平守護霊　まずは壊(こわ)さなきゃいけないね。全部壊していく必要はあるね。

「ＣＯ$_2$ゼロ」という公約についてはどう考える？

習近平守護霊　まあ、君たちはできるだけＣＯ$_2$を使わない方向で頑張(がんば)りたまえ。油田はわれわれのもんだから。あちらは全部取るから、うん。

質問者Ｂ　ええ。次の「ザ・リバティ」で取り上げますので、その一言(ひとこと)をぜひお聞きしたかったのです。

いちおう、中国の公約では「二〇六〇年、ＣＯ$_2$ゼロ」と言っておられますけれども……。

習近平守護霊　ヘッ！（笑）公約なんか守ったことないんで。

質問者B　やはり、それは守ったことがないと……。

習近平守護霊　守ったことないんで。それは、ほかの国はそうなるといいなと思ってるだけで。

質問者B　ええ。今のがまさに守護神のお言葉であるということですね？

習近平守護霊　まあ、今はもう石炭のねえ、いやあ、出したくはないが、〝石炭のCO_2〟で、みんな本当にマスクかけないと、もう気管支も肺も傷めてしまう状況なんで。石炭よりは、もうちょっといい、効率のいい燃料を使いたいところなんで。石炭から石油に替わるだけでもずいぶん助かる、本当に。

「習近平思考の今」というのは、すべての資源を食い尽くしていくこと

質問者B　そうしますと、いろいろな油田地帯のほうに関しては、やはり、出ていくつもりがある、あるいは支配するつもりがあるということですね。

習近平守護霊　まあ、インドネシアも取らなければいかんよねえ？

質問者B　ああ、インドネシア。

習近平守護霊　ああ、ブルネイ。ねえ？　取らなければいかんし。いや、ヨーロッパのほうでも、イギリスの、そのブレグジットのもとになった、あの北海油田？　北海油田ももらいたいなあと思ってはおるんですよ、うん。

質問者B　ええ。イランに関してはどうですか？

習近平守護霊　うん。まあ、それは、中国に寄ってきてるから、もうすぐ〝捕食〟するつもりでいますよ。そらあアメリカから身を護るためには、中国の懐に飛び込む以外、方法はない、うん。

質問者B　そうすると、やはりシーレーンの関係でいろいろ……。

習近平守護霊　まあ、「石油」や「天然ガス」は中国が全部押さえるから。君たちはCO_2を減らす国をどんどん増やしていきなさい。

質問者B　そのためには、やはり、台湾を押さえなければいけないというのが、論理的には必須になるのですけれども。

習近平守護霊　いや、台湾なんて、もう、ただの川を渡るときの飛び石みたいなものなんで。〝石ころの一つ〟なんで。そんなもの（笑）、小さすぎて話にならない。

私が狙っているのは、オーストラリアの石炭と鉄鉱石、それから、ブルネイの油田、北海油田、それから、イラン、イラク、サウジアラビア、あのあたりの油田を全部押さえる。

アフリカをもう一回、再奴隷化？　ここもまた〝クローン人間〟をつくるいい場所なんで、アフリカもちょっとやってみたいと思ってる。

質問者B　はい。そうしますと、その「習近平思考の今」ということで言いますと、そのようにすべての資源を食い尽くしていく、こういう考え方でやっていくわけですね。

GAFAを吸い込み、中国のネットが世界を支配する「習近平思考」

習近平守護霊　だから、今ね、九千万人が十四億人を支配してるけど、次は十四億人が世界の七十八億人かなんかを……、（コロナ等で）一億死ぬから、まあ、七十七億人か。七十七億人を支配するような構図に持っていきたい。

質問者B　ええ。今、そのお言葉の前に「奴隷化」という言葉も出たんですが、そうしますと、その「習近平思考」としては、要するに、中国人の一部による他の人類の奴隷化に等しい……。

習近平守護霊　もうすでに華僑がね、世界で活躍してるから。ユダヤ人は世界へ行ってもさまよっただけだけども、華僑は経済で世界を支配しに入っているし、今はもうユダヤ資本を追い出して、アメリカでも中国系が牛耳ってきつつあるので。アメリカのメディア等は、かつてはユダヤ資本の支配下に入ってはいたが、今は中国資本の支配下に入りつつあるところなんだ、うん。

だから、「世界は中国のもの」なんだよ。それを、そういうエネルギーで押さえてくるのも一つで。ほかの国は、脱エネルギーで脱化石燃料でCO_2のない、その太陽光だの風力だのを一生懸命やっていればええよ。その間に燃料は全部こちらが押さえるので、ええ。

あともう一つは、インターネット系のもので世界を制覇するっていうか、GAFAは全部吸い込んでいくつもりでいるので。ブラックホールにGAFAを全部吸い込んで、中国のネットが世界を支配するように持っていきますから。これは、もう次の戦略です。「習近平思考」です。

質問者B　これも明確な戦略であるということですね。

習近平守護霊　「習近平思考」です。トランプがやろうとした逆のことをやります。

質問者B　「状況証拠（しょうこ）」は限りなくそうだったんですが……。

習近平守護霊　うん、そうです。

質問者B　実際に今の発言は証拠として重要です。

コロナのなかで、GAFA（ガーファ）が史上最高の利益をあげたことの真相

習近平守護霊　勝てなかっただろう？　アメリカは、中国人民解放軍が裏でやっているからといって中国のネット系を全部排除（はいじょ）しようとしてたけど、結局勝てなかったんで。今度は呑（の）み込まれるようになるから。

だって、十四億の市場（しじょう）欲（ほ）しいもんなあ。GAFA（ガーファ）もみんな、な。結局、負けるん

だよ、利益のために。今、最高利益があがってるだろう？　彼らは買収されてるんだよ、もうすでに。

質問者B　あの利益がいわば「欲望」になって、GAFAは〝食いついている〟ということなんですね？

習近平守護霊　そう。賄賂（わいろ）なんだけど、彼らは政治家じゃないから、賄賂として罪にならない。政治家なら罪になるが。

GAFAはもう過去最高益だろ？　な？

質問者B　あの最高益のなかには、いわゆる……。

習近平守護霊　コロナで最高益が出た。だからねえ、〝殺人事件〟を推理するには、誰が利益を得たかを見れば分かるんだよ。

質問者B　ええ。要するに、通常の利益以上の超過利益をもたらしてあげたということですね。

習近平守護霊　いっぱい出たわな？

質問者B　ええ。儲けさせてあげたということですね？

習近平守護霊　アメリカ人四十万人の死亡の上に（収録当時、二〇二一年三月二日現在五十万人以上）、ＧＡＦＡはかつてない史上最高の利益をあげたんだ。

質問者B　ええ。まさにアメリカ人が気づいていないことをおっしゃってくださったんですね。

習近平守護霊　そう。だから、あれは全部、中国の支配下にもうすぐ入るから、うん。その時代が来る。

なんせ、バイデンだからねえ、ありがたいねえ。

「中国のワクチン」には〝人間を変異させるもの〟が入っている？

習近平守護霊　バイデンの認知症を治すか進めるかなんて、私たちの掌中にあるんだよ、こんなことは。

アメリカの医療機関も、私たちの下にあることを知ったほうがいいよ。

質問者B　ええ。それは存じていますが、あえて、今、深入りはしていませんが……。

習近平守護霊　私たちは薬系統も強いんで。とっても強いんで。唯物論ですからね、なんせ。

質問者Ｂ　ええ。ということで、ちょっと、これはお訊きしていいのかどうか……。

習近平守護霊　あのね、いやいや、あなたはちょっと気が早いから。もうちょっと説明を加えておくから。

質問者Ｂ　（笑）はい。

習近平守護霊　そのＧＡＦＡの続きでいくと、薬の系統もわれわれは強いので。今ワクチンがいっぱい製造されているけども、ワクチンのなかに何か別のものが入ってた場合、あなたがたは操られることがあるから、気をつけたほうがいいよと、一言言っておきたい。

質問者B　ええ、そうですね。

習近平守護霊　うん。

それで、まあ、ほかの質問を受けるけど。

質問者B　ええ。ありがとうございます。今ので質問したかったことの一つにお答えいただきました。

なお、日本国内でも言われているのが、今の欧米系のいろいろなワクチンが効かなくなったあとで、中国系のワクチンが出てくるのではないかということで、非常に恐れている人もいっぱいいいるのですけれども。

習近平守護霊　だって、中国はさあ、克服（こくふく）したんだからねえ。なんで中国人は死ななかったかって？　中国人はもうワクチンを持ってたから（笑）。コロナが流行（はや）ったときに、もうコロナのワクチンをつくってたからね。

だから、最後は、もう欧米系のワクチンが全部効かない、やってもたぶん効かないから、ほとんど。ちょっとしか効かないから。新種に必ずやられて、またワクチン開発が必要になって、やっぱり中国のワクチンをみんな欲しがるようになる。

中国のワクチンを打つと、そのなかに〝人間を変異させるもの〟が入っているから、ええ。それで君らは支配されるようになる、うん。「中国人化」が進むようになってるから。

だから、そこまで進んでるんだって。君らとはもう違う。（頭を指しながら）ここが違うのよ。

あのねえ、東京大学は清華（せいか）大学にもう勝てないんだよ。知ったほうがいい、うん。

質問者B　ええ。そうしますと、ある種の洗脳効果といいますか、そういうのが入っているわけですね。分かりました。

習近平守護霊　だから、もうアメリカ製？　英国製のワクチン、どんどん打ったらいいよ。効かないから。そして、最後は中国のワクチンにみんな頼るようになるから。インドのワクチンなんか、タダでくれたってまったく効かないから。だから、最後は中国のワクチンにみんな頼るようになる。

そしたら、いつの間にか中国人にみんな変わってくるようになってるから。

質問者B　ありがとうございました。ちょっと、次号でコロナのワクチンが効かないといった特集を入れていたので（笑）。

10　習近平氏守護霊が目指す〝地球の洗い替え〟とは

アメリカ人をアブダクションして人体改造を進めている？

質問者B　あと、もう一個、今のお話の関連の質問の一つで、アメリカの製薬とか、いわゆる医療系ですね、そちらのほうにもずいぶん手が伸びているというお話で。

習近平守護霊　そう。

質問者B　その状況証拠もけっこうあるようには見えていたのですけれども。「中国の枢要なところには、宇宙人によるウォーク・インがある」という話は、われわれも教えていただいているのですが（『ゾロアスター　宇宙の闇の神とどう戦うか』『R・A・ゴール　地球の未来を拓く言葉』参照)、場合によったら、アメリカの、例えば、そういった系統のほうなどにも、実は、買収というだけではなく、ある種の影響といいますか、霊的な部分も含めて手が伸びているというようなところも、やはりあるのでしょうか。

習近平守護霊　いや、これを言うとちょっと、まあ、余分な情報になるから、まあ、あんまり言いたくはないが。

まあ、ちょっと、種類がいろいろあってな。一種類ではないから、ほかのものもあるけど。

カナダとアラスカあたりからね、まあ、攻め込んではいるんだけどね、うんうん。

アメリカそのものでなくて、そちらのほうからもだいぶ攻め込んでる。

アメリカには、アブダクションを中心に今「人体改造」をやっているので。

『ゾロアスター　宇宙の闇の神とどう戦うか』(幸福の科学出版刊)

『R・A・ゴール　地球の未来を拓く言葉』(幸福の科学出版刊)

アメリカ人の場合は、頑固(がんこ)なのでなかなかうまくいかないので、アブダクションをして改造をちょっと進めているので。今、アブダクションをした人間は、調べたシャケみたいにタグを付けて放すんだけども。

アメリカ人でアブダクションをされた人は、一千万ぐらいはもうすでにいるはずなんで。それらはわれわれの……、要するに、自分で判断してやってると思いつつ、われわれの発信電波を受け取って行動していて、自分の判断だと思ってやってるのは一千万ぐらいはいるけど。これで、だんだんもうちょっと増やしていく。

質問者B　ええ。「ある種のチップが入っている」という報告なども、けっこうあるのですが。

習近平守護霊　そう。アメリカはね。

カナダやアラスカのほうは、今、それとはちょっと違(ちが)った感じで「侵略(しんりゃく)計画」が立ってるので。

質問者B　ああ。「違った」というのは、やはり同じような、ある種の改造といいますか……。

習近平守護霊　いや、もうちょっと弱いんで、このあたりは。

アメリカの本土のほうは、ちょっと洗脳をかけるのが難しい部分があるので。そうとう刷り込みが激しいので。だから、やっぱり肉体のなかにちょっと改造を加える必要があるけど、カナダやアラスカあたりだと入り込めるんだよな、うーん。

質問者B　ああ、なるほど。では、入り込んでいるわけですね？

習近平守護霊　入り込んでる、うん。

質問者B　分かりました。

習近平守護霊　オーストラリアも狙(ねら)っているんだけど。まあ、少ーし、オーストラリアも、うーん。

質問者B　けっこう首相が抵抗(ていこう)というか、頑張っていますね。

習近平守護霊　ちょっとねえ、うーん。いや、何か感じ取ってるらしいんだなあ。何か感じ取ってるらしいので。

質問者B　ええ。明らかに認識されていますので。

習近平守護霊　ええ。警戒(けいかい)してるなあ。

質問者B　ええ。何か、そういう情報も持っているみたいですよ、そちら系の情報を。

習近平守護霊　うーん、いや、そうなんですよ。アングラ情報がいっぱいあるんで。ただ、まあ、われわれは何度も、過去、地球で主導権を握(にぎ)った者であるからしてね。今回も、ある程度やらしてもらうつもりでおるんで、ええ。

バイデン大統領のＵＦＯ情報に関する扱(あつか)い方を予想する

質問者A　アメリカでＵＦＯ情報を開示……。

習近平守護霊　まあ、ほとんどされないだろうね、バイデンだったら。

質問者Ａ　「出てきたら、まずい」と思っているような情報はございますか。

習近平守護霊　うーん。出てしまったものは、民間でもう使えるということになるからね。

質問者Ａ　何か技術的なところで、「こういうのが開示されたら、まずい」というような……。エネルギー系とか、動力系とか……。

習近平守護霊　いや、「開示する」っていうことは、軍事的に、ほかの国も使えることを意味するからね。だから、お互い、それを極秘にしてたものがあるんで。

だから、中国から見りゃあ、アメリカの軍部や、産業、軍事産業がどこまで宇宙人技術をもらってるか、全部は分からない。一緒じゃないので。もらってるのがどこまでかは、まあ、分からないんだけれども。

バイデンは、おそらく「大事なところは開示しないで、情報として中国に売る」と思うんだ。

質問者A　売る？

習近平守護霊　そっちに持ってくるつもりでいるんで。

質問者B　ええ、ええ。

「今、月の裏側に中国の基地をつくろうと思っている」

質問者B　今、いみじくも「お互い」という言い方をされたんですけれども……。

習近平守護霊　うん、うん。

質問者B　「アメリカも中国も、お互い、ある種、持っていて隠(かく)していて、いわば相手を謀(はか)っているところがある」とおっしゃったんですが……。

習近平守護霊　うん、うん、うーん。

質問者B　わりと最初のほうで、「いろいろな技術供与(きょうよ)を受けている」という話をされていましたが、「大川隆法総裁が、例えばエリア51の遠隔透視(えんかくとうし)をしたときに出てきた技術と実は同じものを、中国も受けているんだ」というようなお話が、以前なされていたんですけれども……。

習近平守護霊　うーん。

質問者B　エリア51では時間を前後に動く技術を受けているというようなリーディングもありましたが、中国側では、細菌系以外で何か、中国側で今秘匿しているといいますか、技術のトランスファー（移転）を受けたものはございますか。

習近平守護霊　今、月の裏側にね、中国の基地をつくろうと思ってるんで。月の裏側にはもうすでに宇宙人の基地があることを、アメリカは分かっているけど、怖がって行かなかった。あのアポロ計画のあと、怖がって行かなくなったけど。

中国は、今、「密約」を結んで、月の裏側に基地をつくって、彼らとも交流を深めようとしてるんで。宇宙のほうでも、まあ、今どっちが勝つかやってるところなんで。

『ネバダ州米軍基地「エリア51」の遠隔透視』（幸福の科学出版刊）

質問者B　では、ある種、ダークサイド・ムーンのところで、その宇宙人がボディーガード的に、中国が送り込んだ探査衛星のところを護ってくれているような状況でしょうか。アメリカの場合には、探査衛星については、攻撃というか壊されたんですけれども、中国が、例えば月に行った場合には……。

習近平守護霊　月のほうを基地にして、宇宙のほうの、まあ、〝合従連衡〟をもうちょっとやろうと思っているので。

アメリカは「火星を植民地都市にしよう」と今考えているところなんだけど、まあ、今は、「まず月の裏側のほうを押さえに入ろう」と今考えてるところですねえ。うん。

「鉱物資源がある海底の支配」も考えている習近平氏守護霊

質問者A　習近平国家主席は、年初の祝辞で、「三つの科学探査の重大なブレイクスルー、突破があった。一つが月探査で、もう一つは火星探査、もう一つは潜水艇による探査であり、ここで重大な突破、ブレイクスルーが実現した」などとおっしゃっているんですが、実は月以外でも、火星、海の底、このあたりで何か新たなことを始めているんでしょうか。

習近平守護霊　うん、まあ、うーん、海底はまだ、地球に眠る無限の未来であるからね。だから、海底を支配しようとしてるから、今、うん。「海底支配」を考えているんで。海上は、いろいろ、みんな領海で護ってるけど、海底までは護ってないから、「海底支配の計画」はある。

海底を押さえれば、海底から得られる石油や、いろんな工業資源としての鉱物がだいぶあるし、「海底には、宇宙に行くために必要な鉱物資源がだいぶあるらしい」っていうことが分かっているんで。

質問者B　ああ、そうですか。

習近平守護霊　うーん。

質問者A　火星は先ほどアメリカに……。

習近平守護霊　いや、火星も、まあ、だから、アメリカに独占されないようには、今、牽制中ではあるんだけども、まあ、「今の火星には、それほどの資源はない」とは見ているんで。ただ、「火星の〝地下住民〟たちをどうするか」っていう問題はあるんで、うん、うん（注。過去のリーディングで火星には地下都市があることが明かされている。二〇二一年二月十七日収録「〈火星〉夢リーディング――R・A・ゴールの霊言――」、『UFOリーディングⅡ』等参照）。

『UFOリーディングⅡ』
（幸福の科学出版刊）

「幸福の科学を襲(おそ)えない理由」とは何か

質問者B　あと、一点お訊(き)きしたかったのが、いみじくも、ゼータ星時代にヤイドロン……。

習近平守護霊　うん。

質問者B　ヤイドロンに……。

習近平守護霊　あれ、〝うるさいやつ〟。あいつ、〝うるさいやつ〟だよ。

質問者B　ええ。それで、今、地球も、ヤイドロンさんをはじめとして、連合体制といいますか、厳戒態勢がすでに出来上がっているんですけれども。

習近平守護霊　そうなんだよ。

質問者B　この点に関しては……。

習近平守護霊　幸福の科学ぐらいね、一気にねえ、襲(おそ)ってしまおうと思っていることもあるんだけどさあ。幸福の科学に、まあ、何かやろうと思えばやれるんだけどさ、簡単に。だけど、ヤイドロンがさあ、「中国大使館にも〝照準は合わしてる〟からね」って言うからさあ。

質問者B　ええ。

習近平守護霊　だから、やられたら困るからさあ、できねえんだよ、うん、うん。

質問者B　相互確証破壊ですね。

習近平守護霊　うーん、あっち（ヤイドロン）も、あっちも「一発やる」って言ってるからさあ。で、「中国人の拠点、全部潰す」って言うからさあ。

質問者B　ええ。

「中国が世界最強、最高」という価値観で地球人を洗脳したい

質問者B　宇宙存在のR・A・ゴールさんも、一年前ですけれども、もし台湾に手を伸ばす場合には宇宙から示威運動をすると、はっきりおっしゃっておられたんですが。

『地球を見守る宇宙存在の眼』（幸福の科学出版刊）

習近平守護霊　それは、「どっちが強いか」はやってみないと分からんけれども、まあ、ちょっと、そちら（R・A・ゴールやヤイドロンのほう）がやや強い、今のところ優勢ではあるようではあるんで。

だから、まあ、地球での〝洗脳合戦〟っていうかなあ、「中国の援軍」が地球のやっぱり半分以上をまず占めるところまで行かないといけないと思ってるのよ。

だから、地球の人間の価値観がな？　例えば、「中国が、やっぱり世界最強、最高で、それについていくべきだ」っていう価値観に地球人がなってくれれば、それは〝残念ながら〟、彼ら（R・A・ゴールやヤイドロン）のほうが追い出されていくほうになるんで。その戦いを今やってるところだから。私一代でやるから、それは、うん。

質問者B　自分の一代でやると。

習近平守護霊　彼らには私たちに敵対する者もいるけれども、(地球人が) 彼らを支持しなければ、彼らはコントロールできなくなるのでね。(R・A・ゴールやヤイドロンを) 地球から追い出してやるのが目的なんで。だから、全部、科学実用主義、唯物論、無神論国家で埋め尽くしたら、彼らには取っ掛かりがなくなるから。

質問者C　そうすると、要するに、「テクノロジーの次元」での戦いだけではなくて、「思想の次元」での戦いになってくるということですね。

習近平守護霊　うん、そっちもある。人間には、やっぱり、どうしてもその部分が残るからさ。

ただ、あと、「地球の霊界も、まあ、一掃してもええかな」と思ってもいることはいるんだよ。「地球霊界、もう、これ、〝洗い替え〟てもいいかなあ」と思ってるんだよ。うっとうしいの、いっぱいいるからさ。吹(ふ)っ飛ばせばいいんで。ぶっ飛ばすにはどうしたらいいかっていうと、まあ、隕石(いんせき)か何かをぶつけりゃいいのよ。地球に隕石をぶつけたら、ものすごい、ものすごい破壊力があるから、そうしたら、もう、地球の霊界、一回〝吹っ飛ぶ〟と思うんだよ。

質問者B　「三次元」が〝吹っ飛ぶ〟のと、「四次元以降」が〝吹っ飛ぶ〟のとは、また別の話かとは思いますが。

習近平守護霊　吹っ飛ぶよ、うん。だからね、〝あやしいやつ〟がいっぱいいるからさあ。

だから、いやあ、「侵略戦争」なんだよ。「宇宙侵略戦争」が始まってることに、まだ気がついてないだろう。私は知っているんだから。

トランプの次は、「香港・台湾を護る」と言う幸福の科学を崩したい

質問者Ａ　そろそろお時間なんですが。

習近平守護霊　ああ、そうか。「習近平思考の今」、分かったかな。

質問者Ａ　そうですね。最後、今後の見取り図というか、人類に対して何かメッセージとか、あるいは、「あなた様の障害物はこういうふうにどけたい」とかありますか?

習近平守護霊　まあ、君たちの神々が言ってることの反対を起こそうとして、まずはトランプで一勝をあげたから。

まあ、次は、「香港・台湾を護る」と言ってるやつを、これを崩して、君らの信

用を失わせて、幸福の科学は、もう〝カルト認定〟をされて、日本でももう生きていくのは大変になるというぐらいには、だんだん、ここ数年で追い込まれるだろうから、うん。

質問者A　うん？　そうすると、幸福の科学が「最大の壁」ということになるんですか、思想的には。

習近平守護霊　うーん。でも、まあ、国内で嫉妬されて潰されるだろう、どうせ、うん。その嫉妬勢力はつかんでるから、尻尾はこっちも。

質問者A　あと、もし、われわれに「ここを注意せよ」ということがあれば、おっしゃってください。

習近平守護霊　うーん。

質問者A　「われわれ」というか、「人類に対して」ですね。はい。

習近平守護霊　（約五秒間の沈黙）まあ、中国は〝われわれのもの〟だよ。だから、まあ、洪水やバッタぐらいで（中国を）倒せると思うなよ、うん、うん。

人間なんか、いくらでも出てくるんだからさ。今、増やすのを考えてるからさ。増やすやつは、本当に、宇宙人の遺伝子が入った、もう一段強い人類だからな。それをつくって、やるからね。まあ、〝地球の洗い替え〟だな、うーん。

だから、われわれには、まあ、だんだんウィルスが通用しない。ほかの国にはバタバタとウィルスに罹って死ぬ人が出てくる。これ、どうしたって、もう中国に助けてもらうしかない。「中国人になったら助かるよ」って。フハハハハハハッ（笑）。まあ、そういうこったな。

質問者A　分かりました。
本日は、貴重なご意見、まことにありがとうございました。

習近平守護霊　うん、うん。君たちも礼儀正しく訊いてくれたので、まあ、珍しく行儀がよかったことは、ほめてつかわす。うん。

質問者A　ありがとうございます。

習近平守護霊　じゃあ。

11　「習近平思考の今」の収録を終えて

習近平氏守護霊と合体し、表面意識に影響を与えてきている

大川隆法　（手を三回叩く）今までの習近平の守護霊では出てこなかった部分が出てきているので、「ウォーク・インされている」というのは本当なのではないでしょうか。

これは混ざっていると思います。ウォーク・インは、どういうかたちでやっているか、ちょっと分からないのですが、「守護霊のなかにもう合体してきていて、表面意識に影響を与えてきている」という感じなのではないでしょうか。そんな感じに見えるのです。（以前には）ここまで言わなかったから。

いや、トランプの〝あれ〟（落選）って、よっぽど大きな〝あれ〟だったんです

ね。あれ（トランプ）だけは、ちょっと、怖がっていたのだと思うのだけれども。

まあ、しょうがないですね。地上の人間も関係することであるので。

おそらく、去年の日本の貿易量（輸出）は、中国が最大でしょう。またアメリカを超えて中国が一番になって、アメリカと中国が交互に一番になったりしているような状態ですけれども、アメリカもまた中国が大きくなるだろうから。

いや、経済を復興させたいのに、「中国のほうと敵対する」と言うと、だいたい、また無視されて、少数に追いやられる傾向が出るだろうから。

はあーっ（ため息）、まあ、「ザ・リバティ」で頑張るかな。微力ながら頑張るしかないね。

（質問者Bに）あなた、夜の銀座へ行ってクビになったりしないようにしなさいよ。（マスコミが）張り込んでいるから。

質問者B　（笑）それは大丈夫です。

大川隆法　気をつけなさいよ、本当にもう。だけど、張り込んで見ている者たちも、夜十時以降に活動しているのだから、彼らも、顔写真を撮られて名前が割れたら、辞めてもらえるんだけど、本当は。だけど、忍者みたいで分からなくて、誰がやったか分からないことになっているからね。いや、あちらも逆に捕まえるべきだと思うんだけどね。緊急事態なのに、どうせ夜の銀座で客になって入っているんだろう。あちらも捕まえるべきだと思うけどね。（質問者たちに）あなたがたも気をつけるように。本当に、どこで何を狙っているか分からないので、ええ。そんな〝小さなところ〟から攻めてくるので、気をつけましょう。

まずは「思想戦」を戦わなくてはならない

大川隆法　これは、ちょっと強気になってきたから、いけるかなあ。まあ、頑張りましょう。

（会場に向かって）いいですか？　オーケー？

これは、単に、私たちは素直に取材して聴いただけですので、「これを読んだ方がどう感じるか」で判断していただきたいと思います。

特別な考え方を押しつけるつもりはございません。「こんなことはありえない」と思うなら、それでも結構だし、「ありえる」と思うなら、どのくらい怖いか、〝自衛隊も考えていないレベル〟であろうと思います。

まあ、今の政権も、そんなことを考えているどころではたぶんなかろうと思います。何か、バイデンさんの息子さんみたいに、菅さんの息子さんのほうも（総務省幹部への接待問題で）危なくなってきているようで、もう、「どうにでもできるんだぞ」という感じがしないでもありませんが、この国はもつのでしょうか。

みなさま、足元に気をつけて、転ばないように。

まあ、この人（習近平氏）の寿命の範囲内でしょうけど、「終身制」と言っていたって、どこまでやれるかは分かりません。後継者を消していっているから分からないけれども。

うーん、まあ、しかたがないですね。同時代の戦いだね、これは。「思想戦」ですから、まずは。ほかの戦い方もまたあるとは思います。

はい。

質問者A　ありがとうございました。

あとがき

唯物論・無神論が広がると、悪魔の活動領域が広がる。科学的思考の前進だけをもって「善」とはしがたい。

人間各人には、「幸福になる権利」があるだけでなく、「幸福になる義務」もある。

闇は確かに広がっているが、光もまた、それを切り裂こうと努力している。

「人民の、人民による、人民のための」民主政治は、今の中国にも必要だろう。香港や台湾のみならず、ウイグル、内モンゴル、チベットの人々にも、自由と平等、幸福を追求する権利はある。

ミャンマー（ビルマ）でも軍中心の恐怖政治が始まっている。暴力に屈する世界は、うけいれてはなるまい。愛と自由と責任感あふれる地球にしたいと思う。

二〇二一年　三月二日

幸福の科学グループ創始者兼総裁　大川隆法

『習近平思考の今』関連書籍

『大中華帝国崩壊への序曲——中国の女神 洞庭湖娘娘、泰山娘娘
　／アフリカのズールー神の霊言——』（大川隆法 著　幸福の科学出版刊）
『習近平守護霊　ウイグル弾圧を語る』（同右）
『守護霊霊言　習近平の弁明』（同右）
『ウィズ・セイビア　救世主とともに
　——宇宙存在ヤイドロンのメッセージ——』（同右）
『シヴァ神の眼から観た地球の未来計画』（同右）
『ゾロアスター 宇宙の闇の神とどう戦うか』（同右）
『R・A・ゴール 地球の未来を拓く言葉』（同右）
『UFOリーディングⅡ』（同右）
『地球を見守る宇宙存在の眼——R・A・ゴールのメッセージ——』（同右）

習近平思考の今（しゅうきんぺいしこうのいま）

2021年 3 月11日　初版第 1 刷

著　者　　大川隆法（おおかわりゅうほう）

発行所　　幸福の科学出版株式会社

〒107-0052 東京都港区赤坂 2 丁目 10 番 8 号
TEL(03)5573-7700
https://www.irhpress.co.jp/

印刷・製本　株式会社 研文社

ISBN978-4-8233-0255-8 C0030

カバー，帯 vchal / Shutterstock.com, Joao Virissimo / Shutterstock.com,
クレジット：AFP =時事
装丁・イラスト・写真（上記・パブリックドメインを除く）© 幸福の科学

大川隆法 霊言シリーズ・中国に潜む闇に迫る

大中華帝国崩壊への序曲

中国の女神 洞庭湖娘娘、泰山娘娘／アフリカのズールー神の霊言

唯物論・無神論の国家が世界帝国になることはありえない――。コロナ禍に加え、バッタ襲来、大洪水等、中国で相次ぐ天災の「神意」と「近未来予測」。

1,540円

習近平守護霊 ウイグル弾圧を語る

ウイグル〝強制収容所〟の実態、チャイナ・マネーによる世界支配戦略、宇宙進出の野望――。暴走する独裁国家の狙い、そして、人権と信仰を護るための道とは。

1,540円

習近平の娘・習明沢の守護霊霊言

「14億人監視社会」陰のリーダーの〝本心〟を探る

2030年から35年に米国を超え、世界制覇の野望を抱く中国。「監視社会」を陰で操る、習近平氏の娘・習明沢氏の恐るべき計画とは。毛沢東の後継者・華国鋒の霊言も収録。

1,540円

毛沢東の霊言

中国覇権主義、暗黒の原点を探る

言論統制、覇権拡大、人民虐殺――、中国共産主義の根幹に隠された恐るべき真実とは。中国建国の父・毛沢東の虚像を打ち砕く！

1,540円

※表示価格は税込10％です。

ゾロアスター 宇宙の闇の神と どう戦うか

全体主義国家・中国の背後に働く「闇の力」とは？ かつて宇宙の闇の神と戦ったゾロアスターが、その正体と企みを明らかにした人類への警世の書。

1,540円

ヤイドロンの本心

コロナ禍で苦しむ人類への指針

アメリカの覇権が終焉を迎えたとき、次の時代をどう構想するか？ 混沌と崩壊が加速する今の世界に対して、宇宙の守護神的存在からの緊急メッセージ。

1,540円

地球を見守る 宇宙存在の眼

R・A・ゴールのメッセージ

メシア資格を持ち、地球の未来計画にも密接にかかわっている宇宙存在が、コロナ危機や米大統領選の行方、米中対立など、今後の世界情勢の見通しを語る。

1,540円

メタトロンの霊言

危機にある地球人類への警告

中国と北朝鮮の崩壊、中東で起きる最終戦争、裏宇宙からの侵略──。キリストの魂と強いつながりを持つ最上級天使メタトロンが語る、衝撃の近未来。

1,540円

大川隆法ベストセラーズ・地球の未来を拓く指針

新しき繁栄の時代へ

地球にゴールデン・エイジを実現せよ

アメリカとイランの対立、中国と香港・台湾の激突、地球温暖化問題、国家社会主義化する日本──。混沌化する国際情勢のなかで、世界のあるべき姿を示す。

1,650円

R・A・ゴール 地球の未来を拓く言葉

今、人類の智慧と胆力が試されている──。コロナ変異種拡大の真相や、米中覇権争いの行方など、メシア資格を有する宇宙存在が人類の未来を指し示す。

1,540円

ウィズ・セイビア 救世主とともに

宇宙存在ヤイドロンのメッセージ

正義と裁きを司る宇宙存在が示す、地球の役割や人類の進むべき未来とは？ 崩壊と混沌の時代のなかで、宇宙人の側から大川隆法総裁の使命を明かした書。

1,540円

シヴァ神の眼から観た地球の未来計画

コロナはまだ序章にすぎないのか？ 米中覇権戦争の行方は？ ヒンドゥー教の最高神の一柱・シヴァ神の中核意識より、地球の未来計画の一部が明かされる。

1,540円

※表示価格は税込10%です。

大川隆法ベストセラーズ・コロナ禍を生き抜くために

人の温もりの経済学
アフターコロナのあるべき姿

世界の「自由」を護り、「経済」を再稼働させるために──。コロナ禍で蔓延する全体主義の危険性に警鐘を鳴らし、「知恵のある自助論」の必要性を説く。

1,650円

コロナ不況下のサバイバル術

恐怖ばかりを煽るメディア報道の危険性や問題点、今後の経済の見通し、心身両面から免疫力を高める方法など、コロナ危機を生き延びる武器となる一冊。

1,650円

釈尊の未来予言

新型コロナ危機の今と、その先をどう読むか──。「アジアの光」と呼ばれた釈尊が、答えなき混沌の時代に、世界の進むべき道筋と人類の未来を指し示す。メタトロン、ヤイドロンの霊言も収録。

1,540円

大恐慌時代を生き抜く知恵
松下幸之助の霊言

政府に頼らず、自分の力でサバイバルせよ! 幾多の試練をくぐり抜けた経営の神様が、コロナ不況からあなたを護り、会社を護るための知恵を語る。

1,650円

大川隆法シリーズ・**最新刊**

エル・カンターレ
人生の疑問・悩みに答える
病気・健康問題へのヒント

毎日を明るく積極的、建設的に生きるために──。現代医学では分からない「心と体の関係」を解き明かし、病気の霊的原因と対処法を示した質疑応答集。

1,760円

大川隆法　初期重要講演集
ベストセレクション②

人間完成への道

本書は「悟りへの道」の歴史そのものである──。本物の愛、真実の智慧、反省の意味、人生における成功などが分かりやすく説かれた「悟りの入門書」。

1,980円

「UFOリーディング」写真集2

**現代の救世主の前に現れた
宇宙存在たち**

2018年9月から2019年5月にかけて現れた50種類以上のUFO写真と、宇宙人とのテレパシーによる対話記録。宇宙存在の秘密を解明したシリーズ第2弾！

1,650円

エル・カンターレ
人生の疑問・悩みに答える
幸せな家庭をつくるために

夫婦関係、妊娠・出産、子育て、家族の調和や相続・供養に関するQA集。人生の節目で出会う家族問題解決のための「スピリチュアルな智慧」が満載！

1,760円

※表示価格は税込10%です。

大川隆法「法シリーズ」・最新刊

秘密の法

人生を変える新しい世界観

法シリーズ 27作目

あなたの常識を一新させ、世界がより美しく、喜びに満ちたものになるように――。降魔の方法や、神の神秘的な力、信仰の持つ奇跡のパワーを解き明かす。

第１章　宗教の秘密の世界
――この世とあの世の真実を解き明かす

第２章　霊障者の立ち直りについて
――ウィルス感染と憑依の秘密

第３章　ザ・リアル・エクソシストの条件
――悪魔祓いの霊的秘儀

第４章　降魔の本道
――世界を輝かせる法力とは

第５章　信仰からの創造
――人類の危機を乗り越える秘密

2,200円

幸福の科学の中心的な教え――「法シリーズ」

好評発売中！

幸福の科学出版

一度だけ、泣いた女。

美しき誘惑

～現代の「画皮」～

製作総指揮・原作／大川隆法

長谷川奈央　市原綾真　芦川よしみ　モロ師岡　矢部美穂　中西良太　デビット伊東　千眼美子（特別出演）　杉本彩　永島敏行

監督／赤羽博 音楽／水澤有一 脚本／大川咲也加 製作／幸福の科学出版 製作協力／ニュースター・プロダクション ARI Production
制作プロダクション／ジャンゴフィルム 配給／日活 配給協力／東京テアトル ©2021 IRH Press

2021年5月14日(金) ロードショー　utsukushiki-yuwaku.jp

正しき者よ、
戦え。
長編アニメーション映画
製作総指揮・原作 大川隆法
宇宙の法
エローヒム編
2021年秋 ROADSHOW

幸福の科学グループのご案内

宗教、教育、政治、出版などの活動を通じて、地球的ユートピアの実現を目指しています。

幸福の科学

一九八六年に立宗。信仰の対象は、地球系霊団の最高大霊、主エル・カンターレ。世界百四十カ国以上の国々に信者を持ち、全人類救済という尊い使命のもと、信者は、「愛」と「悟り」と「ユートピア建設」の教えの実践、伝道に励んでいます。

（二〇二一年三月現在）

愛

幸福の科学の「愛」とは、与える愛です。これは、仏教の慈悲や布施の精神と同じことです。信者は、仏法真理をお伝えすることを通して、多くの方に幸福な人生を送っていただくための活動に励んでいます。

悟り

「悟り」とは、自らが仏の子であることを知るということです。教学や精神統一によって心を磨き、智慧を得て悩みを解決すると共に、天使・菩薩の境地を目指し、より多くの人を救える力を身につけていきます。

ユートピア建設

私たち人間は、地上に理想世界を建設するという尊い使命を持って生まれてきています。社会の悪を押しとどめ、善を推し進めるために、信者はさまざまな活動に積極的に参加しています。

国内外の世界で貧困や災害、心の病で苦しんでいる人々に対しては、現地メンバーや支援団体と連携して、物心両面にわたり、あらゆる手段で手を差し伸べています。

年間約２万人の自殺者を減らすため、全国各地で街頭キャンペーンを展開しています。

公式サイト **www.withyou-hs.net**

自殺防止相談窓口

受付時間　火～土:10～18時（祝日を含む）

TEL **03-5573-7707** メール **withyou-hs@happy-science.org**

ヘレン・ケラーを理想として活動する、ハンディキャップを持つ方とボランティアの会です。視聴覚障害者、肢体不自由な方々に仏法真理を学んでいただくための、さまざまなサポートをしています。

公式サイト **www.helen-hs.net**

入会のご案内

幸福の科学では、大川隆法総裁が説く仏法真理をもとに、「どうすれば幸福になれるのか、また、他の人を幸福にできるのか」を学び、実践しています。

仏法真理を学んでみたい方へ

大川隆法総裁の教えを信じ、学ぼうとする方なら、どなたでも入会できます。入会された方には、『入会版「正心法語」』が授与されます。

ネット入会 入会ご希望の方はネットからも入会できます。

happy-science.jp/joinus

信仰をさらに深めたい方へ

仏弟子としてさらに信仰を深めたい方は、仏・法・僧の三宝への帰依を誓う「三帰誓願式」を受けることができます。三帰誓願者には、『仏説・正心法語』『祈願文①』『祈願文②』『エル・カンターレへの祈り』が授与されます。

幸福の科学 サービスセンター
TEL 03-5793-1727
受付時間／火～金:10～20時　土・日祝:10～18時（月曜を除く）

幸福の科学 公式サイト
happy-science.jp

ハッピー・サイエンス・ユニバーシティ

Happy Science University

ハッピー・サイエンス・ユニバーシティとは

ハッピー・サイエンス・ユニバーシティ(HSU)は、大川隆法総裁が設立された「現代の松下村塾」であり、「日本発の本格私学」です。建学の精神として「幸福の探究と新文明の創造」を掲げ、チャレンジ精神にあふれ、新時代を切り拓く人材の輩出を目指します。

人間幸福学部　経営成功学部　未来産業学部

HSU長生キャンパス TEL **0475-32-7770**

〒299-4325　千葉県長生郡長生村一松丙 4427-1

未来創造学部

HSU未来創造・東京キャンパス

TEL **03-3699-7707**

〒136-0076　東京都江東区南砂2-6-5

公式サイト **happy-science.university**

学校法人 幸福の科学学園

学校法人 幸福の科学学園は、幸福の科学の教育理念のもとにつくられた教育機関です。人間にとって最も大切な宗教教育の導入を通じて精神性を高めながら、ユートピア建設に貢献する人材輩出を目指しています。

幸福の科学学園

中学校・高等学校（那須本校）

2010年4月開校・栃木県那須郡（男女共学・全寮制）

TEL **0287-75-7777** 公式サイト **happy-science.ac.jp**

関西中学校・高等学校（関西校）

2013年4月開校・滋賀県大津市（男女共学・寮及び通学）

TEL **077-573-7774** 公式サイト **kansai.happy-science.ac.jp**

仏法真理塾「サクセスNo.1」

全国に本校・拠点・支部校を展開する、幸福の科学による信仰教育の機関です。小学生・中学生・高校生を対象に、信仰教育・徳育にウエイトを置きつつ、将来、社会人として活躍するための学力養成にも力を注いでいます。

TEL **03-5750-0751**（東京本校）

エンゼルプランV

東京本校を中心に、全国に支部教室を展開しています。信仰に基づいて、幼児の心を豊かに育む情操教育を行っています。また、知育や創造活動を通して、子どもの個性を大切に伸ばし、天使に育てる幼児教室です。

TEL **03-5750-0757**（東京本校）

不登校児支援スクール「ネバー・マインド」

TEL **03-5750-1741**

心の面からのアプローチを重視して、不登校の子供たちを支援しています。

ユー・アー・エンゼル!（あなたは天使!）運動

障害児の不安や悩みに取り組み、ご両親を励まし、勇気づける、障害児支援のボランティア運動を展開しています。

一般社団法人 ユー・アー・エンゼル

TEL **03-6426-7797**

NPO活動支援

学校からのいじめ追放を目指し、さまざまな社会提言をしています。また、各地でのシンポジウムや学校への啓発ポスター掲示等に取り組む一般財団法人「いじめから子供を守ろうネットワーク」を支援しています。

公式サイト **mamoro.org**　ブログ **blog.mamoro.org**

相談窓口 **TEL.03-5544-8989**

百歳まで生きる会

「百歳まで生きる会」は、生涯現役人生を掲げ、友達づくり、生きがいづくりをめざしている幸福の科学のシニア信者の集まりです。

シニア・プラン21

生涯反省で人生を再生・新生し、希望に満ちた生涯現役人生を生きる仏法真理道場です。定期的に開催される研修には、年齢を問わず、多くの方が参加しています。全世界212カ所（国内197カ所、海外15カ所）で開校中。

【東京校】 TEL **03-6384-0778**　FAX **03-6384-0779**

メール **senior-plan@kofuku-no-kagaku.or.jp**

幸福実現党

内憂外患(ないゆうがいかん)の国難に立ち向かうべく、2009年5月に幸福実現党を立党しました。創立者である大川隆法党総裁の精神的指導のもと、宗教だけでは解決できない問題に取り組み、幸福を具体化するための力になっています。

幸福実現党 釈量子サイト **shaku-ryoko.net**

Twitter **釈量子@shakuryokoで検索**

党の機関紙
「幸福実現党NEWS」

幸福実現党 党員募集中

あなたも幸福を実現する政治に参画しませんか。

- ○幸福実現党の理念と綱領、政策に賛同する18歳以上の方なら、どなたでも参加いただけます。
- ○党費:正党員(年額5千円[学生 年額2千円])、特別党員(年額10万円以上)、家族党員(年額2千円)
- ○党員資格は党費を入金された日から1年間です。
- ○正党員、特別党員の皆様には機関紙「幸福実現党NEWS(党員版)」(不定期発行)が送付されます。

＊申込書は、下記、幸福実現党公式サイトでダウンロードできます。
住所:〒107-0052 東京都港区赤坂2-10-8 6階 幸福実現党本部
TEL **03-6441-0754** FAX **03-6441-0764**
公式サイト **hr-party.jp**

幸福の科学出版

大川隆法総裁の仏法真理の書を中心に、ビジネス、自己啓発、小説など、さまざまなジャンルの書籍・雑誌を出版しています。他にも、映画事業、文学・学術発展のための振興事業、テレビ・ラジオ番組の提供など、幸福の科学文化を広げる事業を行っています。

アー・ユー・ハッピー？
are-you-happy.com

ザ・リバティ
the-liberty.com

幸福の科学出版
TEL **03-5573-7700**
公式サイト **irhpress.co.jp**

ザ・ファクト
マスコミが報道しない
「事実」を世界に伝える
ネット・オピニオン番組

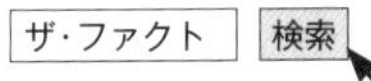

ニュースター・プロダクション

「新時代の美」を創造する芸能プロダクションです。多くの方々に良き感化を与えられるような魅力あふれるタレントを世に送り出すべく、日々、活動しています。 公式サイト **newstarpro.co.jp**

ARI Production

ARI Production（アリプロダクション）

タレント一人ひとりの個性や魅力を引き出し、「新時代を創造するエンターテインメント」をコンセプトに、世の中に精神的価値のある作品を提供していく芸能プロダクションです。 公式サイト **aripro.co.jp**

大川隆法　講演会のご案内

大川隆法総裁の講演会が全国各地で開催されています。講演のなかでは、毎回、「世界教師」としての立場から、幸福な人生を生きるための心の教えをはじめ、世界各地で起きている宗教対立、紛争、国際政治や経済といった時事問題に対する指針など、日本と世界がさらなる繁栄の未来を実現するための道筋が示されています。

2020年12月8日 さいたまスーパーアリーナ
「"With Savior"(ウィズ・セイビア)―救世主と共に―」

2019年10月6日 ザ ウェスティン ハーバーキャッスル トロント(カナダ)
「The Reason We Are Here」

2019年12月17日 さいたまスーパーアリーナ
「新しき繁栄の時代へ」

2019年3月3日 グランド ハイアット 台北(台湾)
「愛は憎しみを超えて」

2019年7月5日 福岡国際センター
「人生に自信を持て」

講演会には、どなたでもご参加いただけます。
最新の講演会の開催情報はこちらへ。 ⟹ 大川隆法総裁公式サイト
https://ryuho-okawa.org